Controla
tus
Temores
en 30 días

**Ayuda práctica para tener una
vida más tranquila y productiva**

Deborah Smith Pegues

D1453361

PORTAVOZ

La misión de Editorial Portavoz consiste en proporcionar productos de calidad —con integridad y excelencia—, desde una perspectiva bíblica y confiable, que animen a las personas a conocer y servir a Jesucristo.

Título del original: *30 Days to Taming Your Fears* © 2011 por Deborah Smith Pegues y publicado por Harvest House Publishers, Eugene, Oregon 97402. Traducido con permiso.

Edición en castellano: *Controla tus temores en 30 días* © 2012 por Editorial Portavoz, filial de Kregel Publications, Grand Rapids, Michigan 49501. Todos los derechos reservados.

Traducción: Beatriz Fernández

EDITORIAL PORTAVOZ
P.O. Box 2607
Grand Rapids, Michigan 49501 USA
Visítenos en: www.portavoz.com

ISBN 978-0-8254-1808-2
978-0-8254-0377-4 Kindle
978-0-8254-8487-2 Epub

1 2 3 4 5 / 16 15 14 13 12

Impreso en los Estados Unidos de América

Printed in the United States of America

*Dedico este libro a todos los lectores
que decidan tomar el control
sobre el espíritu del temor y llevar
una vida más tranquila y productiva.*

Contenido

Agradecimientos. 7

Prólogo: Ansiedades, temores y fobias 9

Parte 1: Temores relacionados con la salud y la seguridad

1. Temor a morir 17
2. Temor a los doctores y a las agujas. 24
3. Temor a la discapacidad. 29
4. Temor a los serpientes, a las arañas y a los roedores 34
5. Temor a los perros 39
6. Temor a los espacios cerrados. 44
7. Temor a las alturas. 49
8. Temor a volar. 54
9. Temor a ahogarse. 58
10. Temor a los desastres naturales. 62
11. Temor al terrorismo. 67
12. Temor a la delincuencia y a la violencia 71

Parte 2: Temores relacionados con los vínculos

13. Temor a la soledad. 79
14. Temor al compromiso 85
15. Temor a la intimidad 91
16. Temor al rechazo 95
17. Temor a perder a los seres queridos 100
18. Temor a las interacciones sociales. 105

Parte 3: Temores psicológicos

19. Temor a sentirse incapaz 113
20. Temor a hablar en público 118
21. Temor a subir de peso 125
22. Temor a envejecer 131
23. Temor a la impotencia o a la pérdida
    de control 137
24. Temor a cambiar y a continuar con la vida . . 143
25. Temor al fracaso 148

Parte 4: Temores financieros

26. Temor al éxito 155
27. Temor a sufrir carencias 160
28. Temor a perder el trabajo 164
29. Temor a invertir o a perder dinero 169
30. Temor a jubilarse en situación de pobreza . . . 175

Epílogo: Neutraliza tu temor…
    Pon en marcha tu vida 180
Apéndice 1: Textos bíblicos para luchar
    contra el temor 183
Apéndice 2: Oración para que desaparezca
    el temor 186
Notas 188

Agradecimientos

Agradezco especialmente a mis amigos de Zoe Christian Fellowship (ZCF) de Whittier, California, por sus oraciones y su apoyo en este proyecto: al pastor Edward y a Vanessa Smith, Kelvin y Delisa Kelley, Ralph y Cathy Lawson, Michael y Lois Douglas, Ronald y Redelia Fowler y a toda la familia de ZCF.

Estoy en deuda con Roberta Morris y Diane Gardner que generosamente me ofrecieron su tiempo y talento para revisar el manuscrito; sus contribuciones fueron inestimables. Billie Rodgers, Belinda Wallace, Cheryl Martin, Alvin y Pam Kelley, John Patton, Carol Pegues, y Creola Waters tuvieron un papel importantísimo mediante sus oraciones, sus aportes y su inspiración. Estoy profundamente agradecida a los siguientes miembros de mi familia, cuyo apoyo facilitó mi rutina de trabajo: Rube y Gina Smith, Bobby Smith y Gene Smith.

Mi maravilloso equipo de Harvest House continúa avivando el fuego de la inspiración. Agradezco, además, al presidente Bob Hawkins por su humildad y liderazgo, al editor de adquisiciones Terry Glaspey por sus interminables ideas y gran motivación, al editor principal Rod Morris por su pasión demostrada en la correcta interpretación y aplicación de las Escrituras; así como también, a todo el personal, por su compromiso con la excelencia.

Por último, la fe y el apoyo de mi cariñoso esposo, Darnell, es testimonio de la bondad de Dios.

Prólogo

Ansiedades, temores y fobias

Mientras escribo estas palabras, hace cinco noches desde que mi esposo, Darnell, fue a Kansas a visitar a su hermano enfermo; sin embargo, me parece mucho más tiempo, porque he pasado cada una de esas noches sola en nuestra casa. ¡Un gran logro para mí tras más de treinta y dos años de matrimonio! Hasta ahora, no había tenido valor para hacerlo. El hecho de haber sufrido un robo hace unos años empeoró mi temor. En aquel entonces, pensé que siempre experimentaría ansiedad al entrar en casa, en especial, al entrar en la habitación principal de la cual se habían llevado las cosas importantes. Sin embargo, mediante la gracia de Dios, inmediatamente di los pasos necesarios para superar mi temor y he disfrutado de muchas noches de descanso desde entonces, con Darnell a mi lado, claro.

Ahora bien, cuando decidí escribir un libro sobre cómo superar los temores, pensé que sería francamente hipócrita proclamar principios y estrategias impactantes para neutralizar los temores, sin haberlos puesto en práctica yo misma. Así que, por el bien de la integridad y de mi propia liberación, aquí estoy, sentada... sola en casa... a altas horas de la noche. Hasta ahora todo bien.

Darnell tiene que regresar mañana. Ya he resistido la tentación de trabajar toda la noche, en estos días pasados, para evitar ir a la cama cuando ya está oscuro. Tampoco le pedí a una amiga que se quedara conmigo, ni decidí pasar ese tiempo en casa de uno de mis muchos parientes. Aunque he tenido algunos ataques de ansiedad nocturnos, me he declarado vencedora, ya que mi objetivo era no dejar que mis temores afectaran a mi comportamiento. Ahora sé que puedo estar en casa sola cuando Darnell tenga que ausentarse de la ciudad, porque no estoy sola. He meditado y recitado el Salmo 91:11 tantas veces, en estas cinco noches, que si escanearan mi cerebro, probablemente aparecerían las palabras: "Porque él ordenará que sus ángeles te cuiden en todos tus caminos" (NVI).

Quizás, el temor sea la emoción más antigua que conoce la humanidad. A lo largo de los años, ha sido a menudo tanto mi amigo más cercano como mi peor enemigo. Crecí en un estricto ambiente pentecostal en el Sur Profundo. Mi pastor, mis padres, y los profesores de la escuela dominical me advertían constantemente que Jesús podía regresar a la Tierra en cualquier momento para "llevarse con Él" a su gente. Afirmaban que, al que encontrara cometiendo un pecado de cualquier tipo, le esperaba la condenación eterna; que no habría misericordia. Cuando ingresé a la universidad y experimenté lo que significaba la libertad del control parental, el temor de arder en el lago de fuego y azufre me perseguía como un fantasma.

Cuando miro hacia atrás, me doy cuenta de que este temor obró a mi favor. Fue un buen elemento disuasorio contra las tentaciones que me rodeaban: drogas ilegales, sexo, fiestas desenfrenadas…, por nombrar algunas. Sin embargo, cuando me gradué, me trasladé a vivir a la gran ciudad (Los Ángeles), y empecé a vivir sola; con lo cual, debí enfrentar una gran cantidad de temores debilitantes. Estos temores fueron un *enemigo* para mi calidad de vida: temor a volar para cumplir con mis obligaciones laborales, temor a vivir sola en un apartamento, temor a que cualquier hombre que conociera fuera un lobo con piel de cordero, temor a que cualquier terremoto fuerte se tragase la ciudad de Los Ángeles, temor a cruzar por un puente demasiado elevado. Un tormento tras otro.

Me apresuro a decir que el temor no siempre es algo malo. El temor es una respuesta natural a un peligro real o a algo que se percibe como tal. Los temores sanos hacen que cerremos con llave las puertas de nuestros autos, compremos alarmas de seguridad, y miremos a ambos lados de la calle antes de cruzar. Sin embargo, el temor se convierte en algo insano, cuando controla nuestro comportamiento y nos impide hacer cosas positivas. El temor es un comportamiento aprendido. Lo podemos aprender por las condiciones en las que se desarrolla nuestra infancia, por la experiencia personal, por la observación de la experiencia de otros, a través de los medios de comunicación o mediante otros medios de información. A lo largo de los años, los temores e inquietudes aprendidos a través de todos estos canales han sido persistentes; sin embargo, yo también lo he sido en mi lucha por superarlos.

Aunque, por lo general, utilizaré el término *temores* a lo largo del libro, no todos los temores surgen de la misma manera. Más bien, aparecen en distintos grados de intensidad: *ansiedades, temores y fobias*. Intentaré explicar la diferencia. *Ansiedad* es el temor a un posible peligro o pérdida en el *futuro* (por ejemplo, un posible ataque terrorista); *temor* es la respuesta emocional a un peligro o amenaza real o que se percibe como tal en el *presente* (por ejemplo, ser perseguido); y una *fobia* es un temor fuera de control. Es un terror irracional (por ejemplo, a utilizar los ascensores) que pretende evitar la repetición de una experiencia negativa.

Yo he seguido este patrón. He visto cómo mi temor a los terremotos empezó como *ansiedad* ante el pronosticado "gran terremoto"; luego, se convirtió en *temor* extremo durante uno particularmente fuerte, para llegar a la *tremofobia*, que me ha llevado a tener un bolso de viaje preparado al lado de la puerta. Además, hasta hace poco, me negaba rotundamente a visitar San Francisco, debido a sus devastadores terremotos. No es extraño que Pablo dijera: "Por nada estéis angustiados, sino sean conocidas vuestras peticiones delante de Dios en toda oración y ruego, con acción de gracia" (Fil. 4:6). Sabía que si no cortábamos de raíz la *ansiedad*, aumentaría en intensidad y se haría fuerte en nuestras vidas.

Ya se trate de ansiedad, temor o fobia, las Escrituras declaran que el temor no proviene de Dios: "porque no nos ha dado Dios espíritu de cobardía, sino de poder, de amor y de dominio propio" (2 Ti. 1:7). Como mujer de fe, así lo creo y lo enseño con pasión. También sé que "nos comportamos según lo que creemos". Por tanto, al final, nuestro *comportamiento* es la prueba decisiva de aquello en lo que realmente creemos. Cuando sucumbimos al "espíritu del temor", es porque hemos adoptado una creencia incorrecta sobre Dios y su voluntad o habilidad de liberarnos de una situación, persona o cosa que nos provoca temor.

He llegado a la conclusión de que, probablemente, siempre tendré que batallar contra alguna clase de temor; no obstante, he decidido que no permitiré que ninguno de ellos dificulte mi progreso, ni desbarate mi destino. Fue Mark Twain quien señaló: "El valor es resistencia al temor, dominio del temor; no ausencia del temor".

Mi objetivo en los siguientes treinta capítulos es explicar la manera de dominar treinta temores comunes. Para facilitar este viaje, he agrupado los temores en cuatro categorías: salud y seguridad, relaciones, emociones y finanzas. No obstante, como los he sufrido todos, me he dado cuenta de que tienen sus raíces en uno o varios de estos cinco temores básicos:

- temor al dolor y a la muerte
- temor a sentirse incapaz
- temor a la soledad
- temor a perder el control; impotencia
- temor a sufrir carencias

Todos los temores son una manifestación y, a menudo, una combinación de estos temores esenciales. Por ejemplo, el temor a envejecer está enraizado en el temor a perder el control de nuestra independencia, el temor a ser abandonado en soledad, y para muchos, el temor a una carencia de ingresos que permitan mantener el estilo de vida deseado. Investigaremos las posibles raíces cuando analicemos cada temor.

La solución para superar cada uno de los temores se encuentra en el mismo enfoque básico: *análisis* y *acción*. Por lo tanto, pondré cada temor en perspectiva, con el fin de tener una visión o una idea de él a través del conocimiento y la educación. También recomendaré unos pasos prácticos para dominarlo y evitar que nos controle.

No soy psicóloga, hipnotista ni profesional de la salud mental. Simplemente, expongo un enfoque práctico a temas de la vida, basándome en principios bíblicos. No prometo la liberación instantánea de los temores. Sin embargo, creo de verdad que, mediante la fe en la Palabra de Dios y la práctica de las estrategias que recomiendo, se puede experimentar paz, en lugar de temor. Comprender esto es crucial para obtener el mayor provecho posible de este libro.

Ahora, ¡a vencer esos temores!

Parte 1

Temores relacionados con la salud y la seguridad

Día 1

Temor a morir

"SEÑOR, recuérdame lo breve que será
mi tiempo sobre la tierra.
Recuérdame que mis días están contados,
¡y cuán fugaz es mi vida!"

SALMO 39:4, NTV

Mi padre falleció en julio del 2009 debido a una insuficiencia cardiaca. Pasé junto a él su último mes de vida, en una pequeña y calurosa ciudad de Texas. Aunque él había llegado solamente hasta el octavo año de la escuela, llegó a convertirse en un empresario de éxito. Muchos de los lugareños le tenían en gran estima, al verlo cruzar las calles llenas de baches, con sus exóticos coches. Era muy activo en su iglesia y disfrutaba de su estatus de contribuyente principal. Lo que más me llamó la atención, durante todo el calvario de su muerte inminente, fue la naturaleza de sus últimas peticiones:

- "Me gustaría oír la voz de mi hermana Althea. ¿Crees que podrías encargarte de ello?". Ella vivía en la Costa Este y rara vez hablaban. No había ninguna desavenencia entre ellos, simplemente, falta de tiempo para relacionarse.

• "Dile a mis hijos que vengan a verme. No puedo cuidar de mí mismo". Los seis vivían en California y ya estaban en camino. Nunca fue el tipo de persona que expresara su vulnerabilidad ni se destacó por tener detalles sentimentales, como enviar postales de cumpleaños o decir un "te quiero". Me maravilló el poder que tiene la muerte para humillar a la más orgullosa de las almas.

Sabía que mi padre sentía temor a morir, a pesar de haber escuchado en la iglesia muchos sermones sobre la muerte a lo largo de toda una vida. Desde luego, tenía razón para estar asustado, porque tenía asuntos sin resolver entre él y otros dos líderes de la congregación. Se había negado rotundamente a perdonarlos por una ofensa que le había dolido profundamente y que le había costado una apreciada amistad de cincuenta años. Por supuesto, él no estaba exento de culpa en el asunto. Habíamos tenido muchas discusiones sobre esa situación en el último año. Yo estaba más preocupada por su negativa al perdón que por su inminente fallecimiento, pues sabía que eso dificultaba su comunión con Dios. Jesús fue enfático sobre la repercusión de la falta de perdón: "Si no perdonáis sus ofensas a los hombres, tampoco vuestro Padre os perdonará vuestras ofensas" (Mt. 6:15).

Al final, tomé cartas en el asunto y llamé a sus ofensores. Ellos expresaron su disposición al perdón y finalmente hicieron las llamadas telefónicas necesarias para reconciliarse con él. Me alegré. También hice que mi padre orase arrepentido por todos sus pecados. Sé que ahora descansa en paz.

Análisis del temor

El temor a morir es uno de los temores básicos o fundamentales de los que surgen muchos otros, como el temor a los doctores, a volar, y otros que comentaremos más adelante. Todos los miembros de la raza humana acabarán por tener una cita con la muerte. Este hecho es inevitable y su momento, incierto; en consecuencia, casi todo el mundo siente un mínimo de ansiedad respecto a ello.

Cuando abordamos el tema de la muerte es importante entender que somos seres eternos. Por tanto, cuando la Biblia habla de la muerte, hace referencia a la separación física del alma y el cuerpo (Stg. 2:26) en contraposición a la aniquilación total. El alma vivirá eternamente en la presencia de Dios o en el infierno. (Lee Lc. 16:19-31 para tener un retrato vívido de la diferencia en la calidad de vida después de la muerte, reflejada en Lázaro, el mendigo, y el hombre rico que le había ignorado diariamente cuando Lázaro pedía ayuda). Las decisiones que tomamos durante ese intervalo crucial, que llamamos "tiempo", determinarán el *lugar* y la *calidad* de nuestra existencia eterna. Dios hará el llamamiento final. Por tanto, mucha gente teme morir porque temen este juicio final.

Plan de acción

El escritor y humorista norteamericano Mark Twain dijo una vez: "Un hombre que vive plenamente está preparado para morir en cualquier momento". Esto me recuerda una historia que escuché sobre un conserje de una iglesia, que ya era bastante mayor. Una noche, tras un apasionado sermón sobre la vida después de la muerte, aquel pastor de pueblo preguntó a la pequeña congregación: "¿Cuántos de ustedes quieren ir al cielo?". Todos levantaron la mano, excepto el viejo Jaime, que estaba sentado discretamente en la parte trasera de la iglesia, todavía vestido con su uniforme de trabajo. El pastor, asombrado ante su respuesta, dijo:

—Jaime, ¿no quieres ir al cielo?

—Sí —respondió.

—Entonces, ¿por qué no levantaste la mano?

—Pensé que se refería a esta misma noche.

Como Jaime, todos queremos ir al cielo, pero no esta noche. Veamos qué se puede hacer para superar el temor a morir:

- *Prepárate para la muerte, tanto espiritual como emocionalmente.* Nos preparamos en el área espiritual cuando aceptamos a Jesús como nuestro Salvador y vivimos una vida de obediencia a su Palabra, mediante el poder de Dios. En cuanto a las emociones, debemos aceptar la inevitabilidad de la muerte, especialmente, cuando es un hecho inminente.

Elizabeth Kübler-Ross, pionera en el estudio de los efectos de la muerte y en el mismo hecho de morir, explicó que la mayoría de nosotros pasamos por los siguientes estados cuando enfrentamos nuestra propia muerte:

1. Estado de shock: "¡Dios mío!"

2. Estado de negación: "¡No puede ser cierto!"

3. Estado de ira: "¿Por qué yo?"

4. Estado de negociación: "Si me libras de esto Dios mío, prometo hacer algo por ti".

5. Estado de depresión: "Todo se acabó. Ya no puedo esperar nada".

6. Estado de comprobación: "¿Qué puedo hacer para que mis últimos días merezcan la pena?"

7. Estado de aceptación: "No tiene sentido luchar contra lo inevitable".[1]

Únicamente la gracia de Dios puede capacitarnos para experimentar la paz inexplicable cuando aceptamos nuestro destino divino.

- *Prepárate en el área de tus relaciones.* Es necesario que la gente importante de nuestra vida sepa lo mucho que nos preocupamos por ella. También, debemos perdonar a todos los que nos hayan herido u ofendido. Es muy importante que todos nuestros pecados sean perdonados. También, debemos pedir perdón a los demás por el daño que hayamos podido causarles.

- *Prepárate financieramente.* El hecho de no estar preparados económicamente provoca una preocupación legítima, en especial cuando hay personas que dependen de nosotros. Debemos ser mínimamente precavidos y tener un seguro funerario y confeccionar un testamento que detalle quién manejará nuestros negocios o quién heredará determinados bienes. Se puede escribir el testamento a mano y llevarlo ante un notario. Como contadora pública certificada, recomiendo que no solo tenga un testamento (para bienes especiales de valor sentimental), sino también un *fideicomiso* (para las propiedades y las inversiones) y un *testamento vital* que establezca tus preferencias sobre el uso o no de medidas para prolongar la vida.

- *Sométete a su soberanía.* Para poder neutralizar el temor a la muerte, es necesario que estemos completamente centrados en la vida. Cuando pienso en mi propia muerte, siempre me preocupa *cómo* será esa transición. No quiero morir violentamente ni sufrir una enfermedad prolongada. (¡Me gustaría, al igual que Enoc, [Gn. 5:24] desaparecer porque Dios me llevó!). Mientras tanto, como no tengo control sobre la forma en que voy a morir, he decidido, solamente, dar a conocer mis "peticiones delante de Dios" (Fil. 4:6-7), y someterme a su soberanía. Cuando llegue el momento, el Señor estará allí para darme la gracia necesaria para unirme a Él en una vida de felicidad eterna.

¿Qué razón tienes para sentir temor a morir esta misma noche? ¿Has vivido una vida egoísta y desobediente y temes la condenación eterna? ¿O puedes decir confiado: "He peleado la buena batalla, he acabado la carrera, he guardado la fe" (2 Ti. 4:7)? Si no es así, ¿qué debes hacer ahora mismo para estar preparado ante la transición eterna? ¿Necesitas perdonar una ofensa, expresar un afecto, o pedir perdón por lo que has hecho mal? Si un ángel mensajero apareciera para anunciarte que "Esta noche es la noche", acuérdate que la muerte conduce a los creyentes ante la presencia del Señor, donde la felicidad es plena.

Día 2

Temor a los doctores
y a las agujas

"El temor es el cuarto oscuro donde
se revelan los negativos".

Michael Pritchard,
defensor de la juventud

La adrenalina de Verónica aumentó considerablemen-
te cuando observó en su pecho un bultito del tamaño
de un guisante mientras se daba la ducha matinal. Su
hija, de veinte años, le pidió con insistencia que fuera a
ver al doctor de inmediato, pero ella estaba petrificada.
En realidad, ella, como tantas otras mujeres, no tenía
temor al doctor, sino al diagnóstico que daría el doctor:
cáncer. Tenía solamente cuarenta y ocho años. Corría
el año 1973 y todavía no se habían producido los avan-
ces médicos que reducirían drásticamente el número
de muertes por cáncer de mama. Por eso, la mayoría de
las mujeres consideraban al cáncer de mama como una
sentencia segura de muerte. Verónica se negaba rotundamente a ver al doctor, hasta que el bulto creció hasta
tener el tamaño de un huevo pequeño. Para entonces,

era demasiado tarde. El cáncer había hecho metástasis en otras partes del cuerpo, y murió en dieciocho meses. Su hija se debatía entre el dolor y la rabia por lo que consideraba "una muerte innecesariamente temprana".

Verónica no es la única persona en sentir temor hacia los profesionales médicos. Algunas personas están tan cegadas por su temor a los dentistas que se niegan a realizarse los chequeos dentales de rutina. El doctor William Nordquist, nombrado Dentista Internacional del Año en 2008, por la Academia Estadounidense de Implantes Dentales, asegura que cualquier bacteria en la boca, que provoque una infección crónica, (incluso la enfermedad periodontal) puede provocar enfermedades cardiovasculares,[2] la principal causa de muerte en la mujer, con más de 500.000 muertes al año. Las infecciones dentales no tratadas pueden conducir a la muerte. El 28 de febrero del 2007, el *Washington Post* publicó la historia de Deamonte Driver, un niño de doce años, que murió por un absceso dental que se extendió al cerebro. Una extracción rutinaria podría haberle salvado la vida.

El temor no hace diferencia de sexos. Un gran número de hombres ha muerto de cáncer de próstata. La mayoría de ellos habría sobrevivido si el cáncer se hubiera detectado en una etapa temprana. Muchos tuvieron temor de acudir al doctor. Se pusieron sus "caretas de macho", se enterraron la cabeza en la arena, solamente para sufrir las consecuencias. Igual de trágico es el número de personas que irían al médico, sin dudarlo, si les aseguraran que nunca deberán enfrentarse a una aguja.

Análisis del temor

El temor a los médicos tiene su origen en el temor básico al dolor o a la muerte. Por supuesto, muchas personas les temen, porque han sufrido una experiencia traumática en un momento de su vida y han decidido que jamás aliviarán su dolor físico y emocional. Bueno amigos, estos profesionales de la salud son los ayudantes de Dios en la Tierra y una parte vital de su equipo de servicio. A menudo, y en su soberanía, Él escoge curar nuestras enfermedades y dolencias mediante la medicina en lugar de hacerlo con un milagro. Para evitar tener más fe en los doctores que en el Gran Médico, me recuerdo constantemente que Dios creó mi cuerpo, y que solamente Él puede determinar si un tratamiento o medicación resultará eficaz. Él tiene el control total sobre los resultados.

Si piensas que confiar en la profesión médica es indicativo de una fe débil, es hora de hacerte una reprogramación mental. Lucas, al cual el apóstol Pablo describió como el "médico amado" (ver Col. 4:14), fue el autor del Evangelio de Lucas y del Libro de los Hechos. Fue uno de los líderes espirituales de la iglesia primitiva. Por tanto, no hay razón para identificar a los médicos con la falta de espiritualidad. Es hora de desechar esas ideas que te mantienen alejado de la prevención y de la detección temprana de enfermedades. No permitas que tu temor básico a morir se convierta en una profecía autocumplida, en la que tu negativa de acudir al doctor ¡te lleve realmente a la muerte!

Plan de acción

Para superar tu temor a los médicos y a las agujas, infórmate para saber por qué es *necesario* hacerte distintos exámenes y chequeos. Además, investiga el contexto, las causas, las estadísticas y las historias de toda afección que padezcas (o sospeches padecer) a fin de averiguar cuáles son los últimos descubrimientos sobre el tratamiento. Solamente tienes que visitar www.google.com (o cualquier otro buscador de Internet) y escribir el nombre del malestar que sospechas tener.

Estos son algunos consejos que pueden resultarte útiles:

- Rodéate de gente de fe (un grupo de oración o de estudio bíblico) que tenga una visión equilibrada de Dios y te anime a dar los pasos necesarios para conseguir ayuda, mientras mantienes una fe firme en una curación sobrenatural.

- No des por hecho que sufres una enfermedad, simplemente por sentir alguno de sus síntomas. En su lugar, anota los síntomas para informar al doctor en tu próxima visita.

- Elabora una lista de preguntas para el doctor. No te fíes exclusivamente de la memoria, ya que te puede fallar por la ansiedad de acudir al doctor.

- No des por sentado que el tiempo del doctor es más valioso que el tuyo. Hazle saber que te sientes nervioso por la visita y que te gustaría que él respondiera a algunas preguntas para tranquilizarte. El doctor está allí para ayudarte.

- Si necesitas una inyección y tienes temor al pinchazo, coméntale tu experiencia al personal médico a la hora de recibir inyecciones. Yo siempre les digo que tengo pequeñas venas rodantes y que es mejor utilizar agujas de mariposa o agujas infantiles. También pido que me extraiga la sangre el mejor flebotomista. Además, trato de recordarme a mí misma que el dolor del pinchazo o del medicamento inyectado dura pocos segundos.

- Cuando te prepares para realizar un tratamiento dental, acuerda un plan con el doctor para advertirle con una señal cuándo debe parar si el dolor es demasiado intenso. Si es un doctor poco sensible o impaciente, búscate otro. ¡Cuidado! No cambies con demasiada facilidad; ver al mismo doctor de forma regular debería darte más confianza ya que estará más familiarizado con tu historial. Simplemente, pídele que sea más cuidadoso.

- Trata de conocer personalmente a tu médico haciéndole preguntas sobre su entrenamiento u otros asuntos menos personales. Eso crea una buena comunicación y minimiza la sensación de hablar con un extraño.

- Piensa en lo eficaz que serás, en la realización de tu destino, sin las limitaciones de un cuerpo que funciona mal.

Día 3

Temor a la discapacidad

*"Hay tantas oportunidades en la vida,
que la pérdida de dos o tres capacidades
no es necesariamente debilitante".*

JIM DAVIS, DIBUJANTE NORTEAMERICANO
Y CREADOR DE GARFIELD

A la tierna edad de diecisiete años, Joni Eareckson Tada se lanzó precipitadamente al agua en una zona poco profunda. Como resultado de ello, quedó cuadripléjica. Durante sus dos años de rehabilitación, aprendió a pintar hermosas y actualmente codiciadas obras de arte, que fueron pintadas sosteniendo el pincel con los dientes. Además, escribió muchos libros que fueron éxitos de ventas y creó varios programas, los cuales fueron premiados, dirigidos a satisfacer las necesidades de personas con discapacidades, alrededor del mundo. Varios doctorados honorarios y una película sobre su vida atestiguan el impacto de su obra.

Yo tuve una idea de lo que sería tener una discapacidad prolongada, cuando sufrí un caso severo de ciática que me obligó a estar en el hospital durante cuatro días, a principios del año 2010. Cuando volví a casa, estaba totalmente incapacitada. Parecía surrealista no poder realizar rutinas como cocinar, bañarme sola, ir al baño sin ayuda y cosas por el estilo. Creo de todo corazón que "a los que aman a Dios, todas las cosas les ayudan a bien, esto es, a los que conforme a su propósito son llamados" (Ro. 8:28), incluso, aunque no comprenda completamente lo que significa "bien". Por eso, nunca pregunté: "¿Por qué a mí?". Me negué a pensar que mi condición sería permanente. Muchos oraron por mi curación. Por la gracia de Dios, tuve una recuperación milagrosa. En seis semanas estuve en condiciones de cumplir con un compromiso que tenía en Montreal, Canadá, y luego, me fui de compras por las calles ¡a pie!

Análisis del temor

Durante la mayoría de las etapas de la vida, se corre más riesgo de quedar discapacitado que de morir. Los estudios demuestran que tres de cada diez norteamericanos que hoy empiecen a trabajar, acabarán discapacitados antes de jubilarse.[3] El temor a la discapacidad tiene su raíz en, al menos, tres de los temores básicos: temor a la soledad, a sentirse incapaz y a sufrir carencias. Vemos cómo se demuestra esa soledad en la historia del inválido que estaba en la orilla del estanque de Betesda, el cual llevaba enfermo treinta y ocho años (Jn. 5:1-15). Este hombre le explicó a Jesús que no tenía a nadie que lo pudiese meter en el agua cuando el ángel agitaba las aguas. ¿Dónde estaban su familia y amigos? Es muy trágico carecer de apoyo. Afortunadamente, Jesús lo sanó.

Muchos temen a la incapacidad porque creen que los demás creerán que son "menos que capaces" para continuar con su vida normal. Incluso, he observado en algunos eventos sociales que a las personas que van en silla de ruedas las tratan como si fueran invisibles. La gente no les incluye en las conversaciones, o si lo hacen, su tono suele ser excesivamente amable, lo cual es todavía mucho más humillante para la persona discapacitada.

Thomas Edison, famoso inventor, pionero en aprovechar los beneficios de la electricidad y fundador de General Electric, una de las compañías más grandes del mundo, tenía dificultades de aprendizaje. Cuando tenía siete años, su madre comenzó a darle clases en casa para evitarle la humillación a la que le sometía su maestro. A los trece años, sufrió de escarlatina, y como consecuencia, quedó prácticamente sordo. Esta minusvalía influyó mucho en su carácter, en su carrera profesional, en el enfoque de su trabajo y en el deseo de mejorar la humanidad. Le motivó a desarrollar, entre otros mil inventos, el fonógrafo.

Quizá, la mayor preocupación del discapacitado sea la carencia económica. El mendigo, mencionado en Hechos 3, era lisiado de nacimiento y es un claro recordatorio de lo que significa ser pobre y discapacitado. Felizmente, parece que tenía un buen sistema de apoyo ya que "ellos" le "ponían cada día a la puerta del templo que se llama la Hermosa, para que pidiese limosna de los que entraban en el templo" (Hch. 3:2). Tras su encuentro con Pedro y Juan, quienes le ofrecieron curación en lugar de dinero, sus días como mendigo se acabaron.

Plan de acción

Una discapacidad no es una sentencia de muerte, y es posible vencer ese temor con la forma correcta de pensar. Intenta poner en práctica estas estrategias prácticas:

- Agradece cada día que disfrutas de toda tu plenitud física; considérala un regalo de Dios, no un derecho.

- Trata de mantener una buena salud mediante dieta y ejercicio adecuados. Los accidentes insólitos, como el de Joni, no son la causa habitual de las discapacidades a largo plazo. Los culpables son el cáncer, las enfermedades del corazón, las lesiones de espalda y otras enfermedades.

- Siembra semillas de servicio en la vida de los demás (vecinos, jóvenes, parientes). ¡Quién sabe cuándo necesitarás recoger el fruto de la amabilidad!

- Minimiza tus temores financieros a quedarte incapacitado contratando un seguro para casos de incapacidad permanente. Lo ideal es que cubra, al menos, el 60% de tus ingresos, y que tenga un periodo de espera menor de lo que pueden durar tus ahorros, además de pagar los beneficios hasta que alcances la edad de jubilación. La duración media de una incapacidad de larga duración suele ser dos años y medio. Deberías buscar asesoría financiera sobre cuánto necesitarás. ¡El seguro no es barato!

- Cree que el deseo de Dios para ti es que tú "seas prosperado en todas las cosas, y que tengas salud, así como prospera tu alma" (3 Jn. 1:2).

Joni se negó a ver su cuerpo como una cárcel. Perseveró, e hizo del mal tiempo, buena cara. Ella dice que cuando se encuentre cara a cara con Jesús, le dirá: "Cuánto más débil me sentía en esta silla, con más fuerza me apoyaba en ti. Y cuanto más me apoyaba en ti, más cuenta me daba de lo fuerte que eres. Gracias Jesús, por aprender obediencia en tu sufrimiento... tú me has dado gracia para aprender la obediencia en el mío".

Día 4

Temor a los serpientes, a las arañas y a los roedores

"Porque tú creaste todas las cosas, y por tu voluntad existen y fueron creadas".

Apocalipsis 4:11

Es posible que te resulte difícil entender que *todas las cosas* que Dios creó —incluidas las serpientes, las arañas y los roedores— fueron para su placer. Solamente pensar en esos seres hace que mucha gente (yo me incluyo) se estremezca. Las serpientes son las más temidas. Esta criatura de lengua bífida, que al principio hablaba y caminaba, ha sido asociada con el mal desde que entró en el Huerto de Edén, llamó mentiroso a Dios, y engañó a Adán y Eva para que comieran del fruto prohibido del árbol de la ciencia del bien y del mal (Gn. 3:1-19). El juicio de Dios contra la serpiente fue rápido y severo. La condenó a arrastrarse de por vida y a tener una relación de antagonismo con los humanos.

Análisis del temor

El temor a estos seres se origina en el temor al dolor

e, incluso, a la muerte. Sin duda, es sensato sentir cierta aprensión o gran respeto por los peligros y las incomodidades que esos animales puedan ocasionar. De lo contrario, no responderíamos de forma sensata y rápida cuando el peligro fuese real.

Sin embargo, es posible que un temor insano a estos seres se deba a la imagen negativa que se muestra en las películas y en los medios de comunicación, y no a una mala experiencia personal. ¡Si hasta un personaje tan machote como Indiana Jones teme a las serpientes!

Pero, sinceramente, ¿cuántos encuentros directos has tenido con serpientes? ¿Y cuándo fue la última vez que tuviste que luchar contra una viuda negra o contra una venenosa araña reclusa parda? ¿Algún roedor te ha mordido o transmitido alguna enfermedad? Probablemente no.

Pero si has tenido una mala experiencia, todavía hay esperanza de superar cualquier fobia. Tendemos a sentir temor hacia lo que no entendemos. Por tanto, el conocimiento es un factor clave a la hora de vencer el temor a estos animales. Quizá, las siguientes observaciones te ayuden a entender mejor por qué están en este planeta, y es posible que te ayuden a mitigar el temor y la aversión que te producen.

Las *serpientes* son muy importantes para nuestro medioambiente. No persiguen a los humanos para comérselos ni los atacan (excepto en las películas de Hollywood). Se limitan a responder agresivamente cuando perciben una amenaza. Son controladores naturales de plagas, ya que se alimentan de roedores, que a menudo transmiten enfermedades. La presencia de estos animales reduce la necesidad de utilizar contra los roedores productos químicos que pueden ser peligrosos para la vida de otros animales y plantas. Esto les ahorra a los granjeros mucho dinero. La serpiente es el símbolo de la profesión médica por una buena razón. Las investigaciones con veneno de serpiente han ayudado a descubrir medicamentos y calmantes que se utilizan para tratamientos que van desde la artritis reumatoide hasta los ataques cardiacos.

Las *arañas* mantienen a raya a las cucarachas y a las moscas en tu casa. En los campos de cultivo, aparecen en grandes cantidades y minimizan el efecto de los insectos destructivos, lo cual hace que se ahorren millones al año. Además de reducir la población de insectos que transmiten enfermedades, las arañas proporcionan otros beneficios médicos a los hombres. El veneno de araña se utiliza en la investigación neurológica y puede prevenir el daño cerebral permanente en personas víctimas de un derrame cerebral. La seda que producen las arañas se utiliza en muchos aparatos ópticos, como el instrumental de laboratorio.[4]

Los *roedores*, utilizados para pruebas de laboratorio, han facilitado el descubrimiento de tratamientos y curas para muchas enfermedades humanas. Los ratones de laboratorio son considerados, por muchos, como el mejor modelo de las enfermedades humanas hereditarias, y comparten el 99% de los genes con los humanos. Los ratones y los humanos comparten similitudes en el sistema nervioso, en el cardiovascular, el endocrino, el inmune, el musculo-esquelético y otros sistemas orgánicos internos.[5] Los ratones son también ideales por su tamaño, bajo coste, facilidad de manejo y rápida reproducción.

Plan de acción

- Infórmate sobre estos animales que tanto detestas. Visita el zoológico o una tienda de mascotas para verlos más de cerca. Incluso, aunque estén dentro de cajas, tendrás una mejor perspectiva sobre ellos que la que dan los medios de comunicación. Pregunta sobre sus hábitos de vida y sus peculiaridades.

- Da los pasos necesarios para reducir la probabilidad de toparte con uno de ellos. Por ejemplo, a las serpientes les gusta esconderse bajo la leña o el follaje espeso. Por eso, yo siempre golpeo los troncos antes de moverlos; es mi manera de "llamar a la puerta", y alertar a estos animales de mi presencia. Sacude los bolsos o los zapatos que no hayas usado desde hace algún tiempo antes de utilizarlos, es posible que una araña haya buscado refugio allí. Resulta muy útil conocer cuáles son sus lugares preferidos para vivir.

- Si has observado una cantidad excesiva de arañas o roedores dentro de tu casa o en los alrededores, medita sobre la idea de erradicarlos.

- Confía en la promesa del Señor: "He aquí os doy potestad de hollar serpientes y escorpiones, y sobre toda fuerza del enemigo, y nada os dañará" (Lc. 10:19).

Recuerda, tu objetivo no es hacerte amigo de estos seres, sino de no permitirles que saboteen tu tranquilidad o que afecten a tu calidad de vida, al no dejar que te sientes en el jardín, o que entres en el desván, donde guardas los recuerdos de toda una vida, solamente porque viste un ratón la última vez que estuviste allí.

Día 5

Temor a los perros

*"Un perro normal suele ser mejor
persona que una persona normal".*

Andrew (Andy) Rooney,
Escritor norteamericano de radio y tv

Juana cree que ha encontrado, por fin, al hombre perfecto. Son compatibles en casi todos los aspectos, excepto en uno: Juana siente un temor patológico a los perros, y su hombre perfecto es el orgulloso propietario de dos Pitbull Terrier americanos.

Esta raza, de tan mala fama, es responsable de la mayor parte de las muertes humanas causadas por perros en Estados Unidos, pero los Pitbull no son crueles o peligrosos por naturaleza. De hecho, son estables, inteligentes y muy fáciles de entrenar. Junto con las fuerzas de seguridad locales, juegan un papel importante en la comunidad en la búsqueda de gente desaparecida. Fuera del horario de servicio, realizan obras de caridad, como perros de terapia. Petey, el fiel perro de la serie de larga duración *Una pandilla de pillos* (The Little Rascals), era un Pitbull. Pasó innumerables horas rodeado de niños, día tras día, sin hacer jamás daño a nadie. Los pitbull se han ganado su mala reputación porque algunas personas mezquinas han maltratado a sus perros y los han entrenado para ser agresivos.[6]

Pero, a menos que Juana dé los pasos necesarios para vencer su temor a los perros, no habrá campanas de boda para ella en un futuro cercano.

Análisis del temor

El temor a los perros tiene su origen en el temor básico al dolor y a la muerte. Es, sin duda, un temor racional, ya que algunos perros están entrenados para ser agresivos, y es frecuente escuchar casos de muertes producidas por ataques de perros. Si un perro te ha perseguido o gruñido, es posible que todavía sientas ansiedad cuando te encuentres con alguno. Si uno te ha atacado o mordido, o conoces a alguien a quien le haya ocurrido esto, es muy probable que evites los perros a toda costa.

Los perros son mascotas maravillosas. ¿Cómo olvidar las conmovedoras historias y hazañas de la sensible, inteligente y protectora Collie que protagonizaba la serie *Lassie*? Esta perrita era un ejemplo de que los perros son el mejor amigo del hombre. Por supuesto, los perros han mostrado comportamientos que están en lados opuestos, incluso los perros de la Biblia. Literalmente, los perros devoraron el cuerpo de la malvada reina Jezabel y dejaron solamente su esqueleto, los pies y las palmas de sus manos (2 R. 9:30-37); sin embargo, lamieron compasivamente las llagas de Lázaro, el mendigo (Lc. 16:21). (Por cierto, los estudios demuestran que la saliva de los perros contiene sustancias antibacterianas y propiedades curativas).

En ciertas circunstancias, cualquier tipo de perro puede resultar peligroso; incluso un perro que normalmente es dócil, también puede causar daño en circunstancias indebidas.

Plan de acción

- Deja de decir que temes a los perros. La fe viene de escuchar, así que necesitas escucharte a ti mismo decir: "Me siento tranquilo cuando hay perros alrededor".

- Piensa y evalúa la circunstancia o el suceso que produjo que comenzaras a temer a los perros. Lo más probable es que haya ocurrido solamente una vez. Si es así, ¿por qué vives esperando, constantemente, que se vuelva a repetir?

- Conversa con gente que pasee perros y pregúntales por la raza y los hábitos de su perro. Interésate genuinamente. ¡Cuidado! No es buena idea acariciar a un perro desconocido. Pide siempre permiso a su dueño.

- Acaricia el cachorro de un amigo y visítale a menudo mientras vaya creciendo.

- Visita un parque donde haya perros y, desde una distancia cómoda (quizá desde su auto aparcado), observa la conducta de varios perros. Imagina lo que te divertirías tú también con un amigo tan leal y que te ama de forma incondicional.

- Cuando veas que un perro se aproxima, respira profundamente, mantente calmado, y di para ti mismo: *Este es el amigo y compañero de una persona. No va a por mí.* Que le puedas ver los dientes, ¡no significa que quiera morderte!

- Si caminas o andas en bicicleta por zonas donde suele haber perros, prepárate para defenderte con un palo fuerte, una barra ligera u otra herramienta. "El prudente se anticipa al peligro y toma precauciones. El simplón avanza a ciegas y sufre las consecuencias" (Pr. 22:3, NTV). Nunca se sabe cuándo nos encontraremos con un perro que haya sido entrenado para ser agresivo con los humanos.

- Si alguna vez tienes que enfrentarte a un perro, escucha los consejos que puede darte un entrenador de perros convencional. Por lo general, aconsejan: (1) No correr. A los perros les encanta la persecución y nunca podrás correr más deprisa que ellos. (2) Quedarse quieto y mantener las manos en los bolsillos. A menudo, los perros ven las manos como objetivos móviles hacia los que lanzarse. (3) Dar una orden firme como "¡Vete!" o "¡A casa!" (4) Agacharse como si fueras a coger una piedra; los perros saben qué significa ese mensaje y, normalmente, retrocederán por temor al daño. (¡Ellos también tienen temores!). Muchos entrenadores advierten que no se debe mirar a los ojos a los perros, pues algunos de ellos lo perciben como un acto de confrontación. Mejor, gírate a un lado y da una orden firme como dijimos en el punto (3).

• Aprecia el valor que los perros tienen en la sociedad. Lee historias sobre actos heroicos caninos. Son especialmente emotivos los relatos sobre perros militares utilizados en las zonas de guerra, pues ayudan a encontrar bombas y soldados perdidos, salvan vidas y levantan la moral entre las tropas.

Soy consciente de que la mayoría de la información y consejos anteriores son inútiles cuando, al dar la vuelta a la esquina, te encuentras, cara a cara, con un Doberman Pinscher. Solamente, recuerda que la protección divina no está limitada al tamaño de la amenaza.

No fue hasta comenzar a escribir este libro, que decidí que ya era hora de dejar de asustarme o correr, cada vez que me topaba con un perro. Miré fotos por Internet de las razas más peligrosas y también de las más amistosas. Le pedí al Espíritu Santo misericordia para poder acariciar a ciertos perros y relajarme en presencia de otros. Y me aferro a la Palabra de Dios: "Busqué a Jehová, y él me oyó, y me libró de todos mis temores" (Sal. 34:4).

Recuerda, tu objetivo no es ser sociable con todos los perros que te encuentras, sino sentir paz, en lugar de temor, en su presencia.

Día 6

Temor a los espacios cerrados

"Aquel que le teme a 'algo',
le concede poder sobre él".

Proverbio árabe

En un reciente viaje a Utah, me deleité con las majestuosas vistas del Parque Nacional de Zion, hasta que nos acercamos al túnel de Zion-Mt. Carmel, que tiene más de un kilómetro y medio de largo. Odio los túneles. Rechacé el impulso de sugerirles a mi esposo y a mis amigos que diéramos la vuelta ya que, simplemente, recorríamos el paisaje sin tener ningún destino concreto en mente. Además, tendríamos que hacer el mismo camino de vuelta para regresar al hotel, lo cual significaba otro paso por el túnel. Decidida a no permitir que el temor y la ansiedad dictaran mi comportamiento y mi calidad de vida, respiré hondo y deseché el pensamiento de que podía ahogarme en el túnel, si por casualidad un terremoto hacía que se derrumbara mientras nosotros estábamos dentro. Por supuesto, sobrevivimos al viaje de ida y vuelta sin incidentes y yo me apunté otro tanto sobre el temor. De esto se trata este libro: de vencer nuestros temores y de aprender a superar el temor para obtener la tranquilidad que viene mediante la fe.

Análisis del temor

La claustrofobia, el temor a los espacios pequeños y cerrados, es una de las fobias más comunes. Tiene sus raíces en el temor básico a *perder el control* y, en algunos casos, en el *temor a la muerte*. Como la mayoría de las fobias, la claustrofobia comienza con un incidente traumático sufrido normalmente cuando éramos niños, tal como quedar atrapados o encerrados en un armario u otro espacio pequeño. Para otros, como mi amiga Dee, aparece más tarde, debido a experiencias traumáticas, tales como quedar atrapada en un ascensor. Hasta hoy, siente pánico de pensar en montarse en un ascensor y hace todo lo posible para evitarlo.

La gente que tiene claustrofobia, también tiene problemas con los armarios, las cuevas, los túneles, las máquinas de resonancia magnética, los aviones y el tránsito congestionado. Algunas personas sienten ansiedad cuando la gente invade su espacio personal al acercarse demasiado. Otras sienten pánico, incluso, al ponerse ropa muy ajustada. Es posible que la tendencia a evitar estos desencadenantes de pánico tenga un efecto paralizante en la vida del claustrofóbico. Es más, el impulso a huir de la situación puede impedirles que piensen racionalmente y con la calma suficiente como para desechar sus pensamientos debilitadores. Piensa en estos ejemplos de comportamientos de evitación:

- Susana odia sentarse debajo de la galería de un teatro. En lugar de disfrutar de la representación, piensa continuamente en la vía de escape.

- Cuando Elizabeth viaja, insiste en alojarse en el piso más bajo del hotel, a fin de minimizar el tiempo que pasa en un ascensor. A menudo utiliza las escaleras, lo cual aumenta el peligro de sufrir una agresión.

- Como Tomás sufre constantemente dolores de espalda, su doctor le recomendó hacerse una prueba de resonancia magnética de la médula. A él le aterroriza el hecho de pensar en la máquina de resonancia, así que sigue sin poner fecha concreta a esa importante prueba médica.

- A Francisco le encantan las reuniones sociales, pero en las fiestas siempre se sitúa cerca de la puerta, a fin de ser el primero en salir, en caso de que la habitación tenga que ser evacuada.

En todos estos casos, la evitación refuerza el temor y puede provocar el aislamiento y la depresión de la persona.

Plan de acción

Si sufres de claustrofobia, esto es lo que necesitas para volver a tener una vida normal:

- Comprométete a dejar de evitar la situación que desencadena el temor.

- Busca "un compañero de liberación" que no sufra claustrofobia, que te pueda acompañar, animar y orar por ti cuando establezcas momentos concretos para hacer frente a este gigante. Por ejemplo, si planeas vencer el temor a los ascensores, fija una fecha concreta para visitar un edificio que tenga, por lo menos, diez pisos. Haz varios viajes en el ascensor; el último, sin tu acompañante. Tal vez tengas que progresar más gradualmente, de acuerdo con el grado de intensidad de tu temor.

- Recuerda que todo edificio con ascensor, probablemente, haya pasado ciertas pruebas de seguridad, y los que controlan el edificio suelen estar preparados para manejar todo lo que pueda ir mal. Les interesa tu seguridad.

- Cuando te sientas atrapado en un lugar cerrado, ignora el aumento de los latidos del corazón, la transpiración, el mareo, el temblor y demás síntomas. Debes saber que es difícil desechar el temor. Respira profundamente para disminuir la descarga de adrenalina. Esto te permitirá pensar con más claridad. Céntrate en la relajación. Recuerda que lo contrario al temor es la paz. Di interiormente: *Dejo que ahora mismo la paz de Dios gobierne mi corazón* (Col. 3:15).

- Cuando te acerques a un sitio cerrado, haz una declaración de fe, basada en las Escrituras, como: *Dios está conmigo en esta situación porque no me desamparará ni me dejará* (He. 13:5). O, *Como he hecho de Dios mi morada, Él ha mandado a sus ángeles para que guarden todos mis caminos*

(Sal. 91:10-11). Utiliza la imaginación que Dios te ha dado para visualizarte rodeado de ángeles que Él ha mandado para tu protección.

Día 7

Temor a las alturas

"Alabad a JEHOVÁ desde los cielos;
alabadle en las alturas".

SALMO 148:1

El ascensor de cristal de la torre de la Canadian National (CN), de más de 550 metros de altura, ascendió rápidamente al observatorio situado en la planta 114, pero no tan rápido como mi ritmo cardiaco. No obstante, yo estaba decidida a no dejar que mi angustia por las alturas me privara de subir a la estructura más alta de América y la segunda más alta del mundo (superada solamente por el complejo Burj Khalifa de Dubai, Emiratos Árabes Unidos, de 828 metros). Sin duda, presumiría de mi valentía más tarde.

Toronto es una bella ciudad y la torre de la CN atrae a millones de visitantes al año. Su premiado restaurante mirador proporciona una magnífica vista de la ciudad. Sin embargo, no dejé de notar que podía ver el tejado de todos los rascacielos y eso me ponía bastante nerviosa. Además, tuve que desechar pensamientos como: *¿Qué pasaría si unos terroristas pusieran* *una bomba en el edificio mientras estamos aquí dentro?* y *¿Qué sucedería si hubiera un terremoto?* Yo ya había hecho mis investigaciones y sabía que Toronto era una ciudad propensa a los terremotos.

Como he aprendido a hacer, reemplacé mi meditación con la pregunta que Jesús les hizo a sus discípulos, durante uno de los momentos de angustia: "¿Por qué tienen miedo? ¿Todavía no tienen fe?" (Mr. 4:40, NTV). Como esto era lo más alto que había subido alguna vez, con excepción de los viajes en avión, era el momento decisivo para vencer mi temor a las alturas.

Volví a visitar la torre de la CN con una amiga intrépida, dos años más tarde. Tengo que admitir que todavía sentía cierta aprensión por utilizar el ascensor de cristal, pero es asombrosa la nueva perspectiva que se obtiene después de haber superado un temor. Un año después, cuando entré en el ascensor del Empire State Building de Nueva York, para subir al observatorio del piso 86, me sentí como una profesional. Claro que tuve un pensamiento fugaz acerca de un ataque terrorista, pero rápidamente me recordé a mí misma que nunca estoy lejos de la presencia protectora de Dios.

Mi temor a las alturas está ahora en manos del Espíritu Santo; el temor no dicta mis acciones ni me disuade de ellas. Dubai, ¡allá voy!

Análisis del temor

La acrofobia, el temor a las alturas, está basada en los temores básicos al *dolor y la muerte* y a la *impotencia y pérdida de control*. Es uno de los temores más comunes que aprisiona a millones de personas. Por supuesto, hay una razón o fundamento para cada temor. Si tienes temor a las alturas, probablemente, en algún momento de tu vida, experimentaste un suceso traumático en el que la altura estuvo relacionada o conoces a alguien a quien le ocurrió. El grado de tu acrofobia suele venir determinado por lo traumático que fue el suceso que desencadenó la fobia. A menudo, entender por qué tienes cierto temor es una buena manera de empezar a superarlo.

Cuando era pequeña, un puente desvencijado se derrumbó sobre un riachuelo cuando mi familia y yo intentábamos cruzarlo en coche. Además, era de noche. Pareció una eternidad hasta que alguien apareció por aquella carretera rural y, con gran esfuerzo, nos sacó de allí con cadenas. Nunca estuvimos en peligro de morir ahogados, ya que el agua era poco profunda; sin embargo, hasta el día de hoy, cada vez que cruzo un puente pienso en aquel incidente; no con demasiado temor, pero sí con cierto desasosiego.

El temor a las alturas puede trastocar la vida de la gente de maneras muy sutiles. Algunos se niegan a poner luces decorativas en el exterior de la casa para no tener que subirse a una escalera. Otros, rechazan una oferta de trabajo prometedor porque la oficina se encuentra en un rascacielos o, incluso, se niegan a un recorrido panorámico en helicóptero por la ciudad.

Plan de acción

Hoy mismo, puedes dar algunos pasos para superar la acrofobia.

- Imagina, al menos, dos cosas que podrías hacer que fueran divertidas si no estuvieras atado por la acrofobia. Permite que la perspectiva de realizarlas sea tu motivación.

- Planea superar el temor poco a poco, exponiéndote gradualmente a la situación que *menos* temor te cause, para pasar a aquella que te dé *más* temor. Por ejemplo, en un aparcamiento de varios niveles, sería útil subir las escaleras y mirar por encima del borde de cada uno de los pisos. No es necesario que subas al piso más alto en el primer intento.

- Cuando te enfrentes al temor, controla los síntomas físicos, como la aceleración del corazón y el nerviosismo, respirando profundo y relajando, conscientemente, los músculos del estómago y de los hombros. Esto te ayudará a pensar racionalmente; si no, es posible que entres en pánico y abandones el intento.

- Enfréntate a la acrofobia con un amigo intrépido y valiente que te anime y vaya alejando tus temores por el camino. Evita las personas que solamente te dicen "¡supéralo!". Busca a los que respetan tu temor, pero te guían hacia la liberación.

- Pon el temor en perspectiva. Piensa cuántas veces tus peores temores se han hecho realidad. Honestamente, ¿cuántas veces se han derrumbado los rascacielos, las escaleras o los puentes en los últimos diez o veinte años, si es que alguna vez ha sucedido?

Es posible que nunca llegues a ser un Alain Robert,[7] el cual ha escalado ocho rascacielos con las manos, pero si tienes paciencia, perseverancia y apoyo, puedes vencer el temor a las alturas.

Día 8

Temor a volar

"Tu amor, SEÑOR, llega hasta los cielos;
tu fidelidad alcanza las nubes".

SALMO 36:5, NVI

"¡Si Dios quisiera que voláramos, nos habría dado alas!" declara categóricamente mi tía Creola, de ochenta y ocho años. Su temor a volar es muy conocido. No obstante, hace poco tiempo, demostró un valor sorprendente, al volar desde Dallas a Los Ángeles para mi memorable celebración de cumpleaños. Poco después de regresar a casa, cuando se hallaba en el jardín, escuchó el sonido de un avión por encima de su cabeza. Al elevar la mirada, tomó conciencia de repente de lo alto que había volado sobre las nubes. Su viejo temor regresó con fuerza.

Ella no es la única. Millones de personas sienten ansiedad a la hora de volar. Y tras el ataque al World Trade Center, el 11 de septiembre de 2001, los temores se han extendido más allá de las turbulencias, los fallos mecánicos o los errores del piloto, para centrarse en el temor a un ataque terrorista.

Confieso que, aunque he volado mucho, nunca me

he sentido totalmente a gusto haciéndolo. Pero en 1994, antes de embarcarme en un vuelo de veintitrés horas a Sudáfrica, decidí que ese temor no me impediría explorar el mundo y disfrutar de la belleza de la creación de Dios.

Análisis del temor

La aerofobia, el temor a volar, tiene sus raíces en el temor al *dolor y la muerte*, y a la *impotencia o la pérdida de control*. Sin embargo, a menudo, es una combinación indirecta de otras fobias, como el temor a los sitios cerrados o a las alturas.

Ahora bien, es posible que no sea demasiado útil recordarte que, en realidad, volar es más seguro que viajar en auto, pero lo cierto es que las posibilidades de sufrir un accidente de aviación son una entre once millones. Las posibilidades de sufrir un accidente automovilístico son una entre cinco mil.[8]

Para la mayoría de la gente que odia volar, las turbulencias son lo que más inquietud les produce. El capitán Keith Godfrey, antiguo piloto de la British Airways explica: "La turbulencia es el movimiento irregular del aire. Cuando el aire viaja por tierra, choca contra edificios, ciudades, colinas y montañas y eso hace que el aire suba y baje". También dice que la turbulencia no es peligrosa (si permaneces sentado y con el cinturón puesto) y no puede derribar un avión.[9] Mi hermano tiene un puesto destacado en una importante compañía aeronáutica. Dice que las alas de un avión comercial normal pueden flexionarse más de once metros hacia arriba o hacia abajo y seguir siendo seguras aerodinámica y estructuralmente.

Plan de acción

- Ten una información básica de lo seguro que es viajar, cómo funcionan los aviones y otros relacionados. Una sencilla búsqueda en Google te mostrará algunas páginas estupendas como: http://www.lufthansa.com/online/portal/lh/ar/info_and_services/on_board?nodeid=2936682&l=es, http://www.centroima.com.ar/ansiedad_aerofobia.php, y otras cargadas de información gratuita que van desde sólidos conocimientos sobre el despegue hasta fundamentos básicos para aterrizar.

- Con fe, imagínate en un estado de calma y tranquilidad, especialmente, durante el despegue y el aterrizaje. A menudo, me tomo el pulso durante el despegue ¡y le desafío a que cambie!

- Cuando reserves tu pasaje, trata de seleccionar un asiento sobre la zona del ala del avión. Esta zona es más estable y sentirás menos el impacto de las turbulencias. La página web http://www.todoparaviajar.com/noticia/como-elegir-el-mejor-asiento-para-tu-vuelo/ permite ver la disposición de los asientos del avión antes de reservarlos. Tendrás que saber en qué tipo de avión volarás antes de entrar en la página; normalmente, encontrarás este tipo de información en la página de la compañía aérea.

- Asegúrate de llevar un buen libro o revista, música o lo que más te distraiga. Generalmente, pongo música de alabanza en mi iPod cuando despego. Para cuando termino de escuchar esas canciones que exaltan a Dios y su poder, el temor a volar se ha desvanecido.

- Conversa sobre cualquier tema con tus compañeros de vuelo. Eso te hará sentirte más relajado y el pensamiento de estar a más de once mil metros por encima de la tierra se mantendrá alejado.

- Respira profundamente durante los momentos tensos y de turbulencias. Toma aire por la nariz durante diez segundos, expúlsalo por la boca ligeramente abierta, durante otros diez. Esto aminorará los latidos del corazón, pues hará que disminuya el flujo de adrenalina.

- Debes saber que estás en manos expertas, ya que un piloto de línea comercial debe realizar un amplio entrenamiento y tiene miles de horas de vuelo antes de convertirse en capitán. Además, el capitán Jesús siempre está a bordo y las crisis son su especialidad.

- Como la fe es el puente entre el temor y la tranquilidad, ponte en la sintonía de la fe, para lo cual debes memorizar meditar y recitar (o, incluso, imprimir) el Salmo 108:4. Haz de él tu declaración: "Pues tu amor es tan grande que rebasa los cielos; ¡tu verdad llega hasta el firmamento!" (NVI).

Sí, Dios será fiel a su promesa de estar siempre contigo, incluso, volando por el cielo.

Día 9

Temor a ahogarse

*"Haz lo que temes y la muerte
del temor será segura".*
RALPH WALDO EMERSON

"Señor, ¡sálvanos! ¡Nos vamos a ahogar!" (Mt. 8:25, NTV). Los discípulos estaban aterrorizados. Algunos eran pescadores cuyo mayor riesgo en el trabajo era ahogarse. Seguramente, habían experimentado momentos tensos en el agua. Sin embargo, esta no era una tormenta normal; las olas ya habían empezado a inundar el barco. Entretanto, Jesús dormía profundamente. Ante los gritos de alerta de sus discípulos, se levantó y, simplemente, ordenó a los vientos y a las olas que se calmaran. Una vez más, ellos fueron testigos de su gran poder. "Los discípulos quedaron asombrados y preguntaron: '¿Quién es este hombre? ¡Hasta el viento y las olas lo obedecen!'" (Mt. 8:27, NTV).

¿Has tenido alguna vez una mala experiencia con el agua? ¿Has desechado alguna vez la idea de hacer un crucero por temor a que se repita la historia del *Titanic*? ¿Y qué me dices sobre deslizarte por una piscina reluciente o bucear por las frescas aguas, con la hermosa vida marina al alcance de tus manos? ¿El temor a ahogarte te aleja del disfrute de la vida en toda su plenitud? Realmente, ¿crees que Dios es Señor de la tierra, el aire y el agua?

Yo no soy gran nadadora, pero, después de tres clases de natación para *principiantes*, conozco los fundamentos básicos. Mi esposo cuenta a menudo la historia de cómo perdí un día el equilibrio (hace más de treinta años) mientras jugábamos en una piscina. Yo empecé a agitar los brazos y a gritar pidiendo socorro. Al final, entre risas, tiró de mí hacia arriba. No se podía imaginar por qué estaba yo tan asustada, ya que lo único que tenía que hacer era ponerme de pie. ¡El agua solamente me llegaba hasta la altura del pecho! Pero yo tuve temor de ahogarme. Desde entonces, he limitado la natación a la sección que me cubre "por debajo del cuello" en la piscina o en cualquier masa de agua, incluso, para bucear. Sin embargo, mi objetivo para el año que viene consiste en llegar a sentirme cómoda en la parte profunda de una piscina. Ya he localizado el lugar de entrenamiento en el cual llevaré a cabo mi objetivo.

Análisis del temor

La hidrofobia, el temor al agua, tiene su origen en el temor al *dolor y la muerte*, y a la *impotencia o la pérdida de control*. Según una encuesta de Gallup de 1998, patrocinada por el Miracle Swimming Institute (MSI),[10] el 64% de los adultos estadounidenses teme a las piscinas de aguas profundas, y el 39% siente temor a meter la cabeza debajo del agua.[11] Melon Dash, fundadora del

MSI, se especializa en entrenar a gente con temor a nadar. Generalmente, ese temor al agua lleva a la gente a evitar su contacto durante toda la vida; sin embargo, las consecuencias van más allá de la ventaja recreativa, pues la gente puede encontrarse en el agua sin saber nadar, lo cual pone en riesgo su vida.

Como en la mayoría de los temores que están relacionados con cuestiones de seguridad, la hidrofobia suele deberse a una experiencia desagradable. (Hay varias fobias específicas relacionadas con el agua, pero se escapan de nuestro ámbito de discusión). Los padres temerosos también transmiten ese temor a sus hijos. Sea cual sea el origen del temor al agua, puedes vencerlo.

Plan de acción

Una de las claves para vencer el temor a ahogarse es sentirse cómodo y confiado dentro del agua. Esto es lo que puedes hacer:

- Una piscina es el ambiente mejor controlado para un principiante. Por lo tanto, sugiero que comiences clases de natación con algún instructor comprensivo y cualificado. Puedes leer *Conquer Your Fear of Water* [Vence el temor al agua] de Melon Dash.[12] Este libro, junto con el DVD educativo, está lleno de detalles que informan y animan, y te darán tranquilidad (disponibles solo en inglés).

- Ponte en contacto con otra persona que también quiera superar su temor a ahogarse, y tomen clases juntos. "Mejores son dos que uno; porque tienen mejor paga de su trabajo" (Ec. 4:9).

- Aprende cómo funciona el agua. Por naturaleza, hace que los objetos floten en ella; soportará el peso de tu cuerpo y te permitirá flotar, cualquiera que sea tu peso. Yo juraba que era la única excepción a la regla y que me iría directamente al fondo de la piscina. Para nada. La clave está, simplemente, en relajarse.

- Recuérdate que ya estás predispuesto a tener éxito en el agua debido a la composición de tu cuerpo. El 60% del cuerpo humano está compuesto de agua. El cerebro tiene un 70% de agua, y los pulmones tienen casi un 90% de agua. El tejido muscular magro contiene un 75% de agua por peso. La grasa corporal contiene un 10% y el hueso un 22% de agua. Cerca del 83% de nuestra sangre es agua.[13] ¡Prepárate para flotar y disfrutar!

- Cada vez que estés en contacto con el agua, reconoce la presencia de Dios. Respira profundamente e imagínate que los ángeles te rodean y sostienen.

- Gradualmente, comienza a realizar actividades relacionadas con el agua, tales como hacer un crucero corto o un viaje en barco por el puerto o el lago más cercano (en lugar de un viaje de dos semanas por el Caribe). No hay que temer. Recuerda que los vientos y las olas obedecen a Dios.

Día 10

Temor a los desastres naturales

"Aunque caigan mil a tu lado,
aunque mueran diez mil a tu alrededor,
esos males no te tocarán".

SALMO 91:7, NTV

Terremotos. Tornados. Huracanes. Inundaciones. Erupciones volcánicas. A estas fuerzas destructivas de la naturaleza se las suele denominar "actos de Dios". Por supuesto, los teólogos debaten sobre si realmente son actos de Dios, es decir, algo que se inicia por acción divina o, en realidad, un suceso natural en un mundo de pecado. Algunos argumentan que Dios los *envía* como un acto de juicio; otros, mantienen que solamente *permite* que sucedan para conseguir su propósito divino. Mi idea al respecto se resume con Romanos 11:33 (NTV): "¡Qué grande es la riqueza, la sabiduría y el conocimiento de Dios! ¡Es realmente imposible para nosotros entender sus decisiones y sus caminos!". Dios es soberano, y tiene el control del universo.

Ahora bien, sin tener en cuenta las causas subyacentes, el mero pensamiento de que ocurra un desastre natural puede ocasionar temor en aquellos que viven en zonas propensas a ello. Lo sé. Vivo en Los Ángeles, tierra de terremotos. Me encanta esta ciudad. La versatilidad del entretenimiento a lo largo de todo el año es inigualable, gracias a su maravilloso clima. Las impresionantes vistas de sus montañas, sus interminables atracciones, y su diversidad cultural eclipsan el inconveniente de sus legendarios embotellamientos. Es un lugar impresionante, y yo soy una ciudadana leal… hasta que empieza a temblar. En ese momento, estoy lista para mudarme lo más lejos posible, ¡a cualquier sitio que no se mueva!

He pasado muchas horas pensando en los terremotos, lo cual ha permitido que la posibilidad de que suceda uno controle mi comportamiento. A menudo, el temblor más ligero me ha robado la tranquilidad durante días. Se acabó. Dios ha realizado una obra maravillosa de gracia en mi corazón y he controlado el temor (léase, *Corro sabiamente en busca de refugio cuando comienza el temblor*). No permito que me impida disfrutar de la vida en esta gran ciudad.

Análisis del temor

El temor a los desastres naturales tiene sus raíces en los temores básicos al *dolor y la muerte*, y a la *impotencia o la pérdida de control* y quizás, incluso, al temor a sufrir *carencias*, ya que muchos no llegan a recuperarse financieramente de las pérdidas ocasionadas. Los desastres naturales han sido el foco de atención de muchos éxitos cinematográficos como *Tornado, Terremoto, Impacto profundo*. La imagen que presentan de los desastres es terrorífica. Aunque el objetivo de los productores es simplemente entretener, la ansiedad que provocan películas de ese tipo tiene un impacto duradero en muchas personas.

Curiosamente, los desastres naturales no se encuentran entre los primeros puestos de las causas de muerte. En Estados Unidos, la mayoría de la gente muere por enfermedades del corazón, cáncer y derrames cerebrales. El hambre y las enfermedades también acaban con la vida de muchas personas en otras partes del mundo. No obstante, 2010 fue un año récord en casos de muertes por desastres naturales debido principalmente al terremoto de Haití, en el que murieron más de trescientas mil personas.

Plan de acción

Sea cual sea el tipo de desastre natural al que tengas que enfrentarte, la preparación es la clave para la supervivencia física y financiera. Aquí van algunas buenas ideas a tener en cuenta:

- Si es posible, contrata el seguro más alto contra desastres que tu presupuesto te permita. Lee la letra pequeña y trata de entender la cantidad deducible (franquicia) en caso de suceder el desastre (cuanto más alta sea, más bajas serán las primas). Haz todo lo que puedas para ahorrar esa cantidad en tu fondo de reservas para emergencias.

- Realiza simulacros de emergencia en casa, al menos, trimestralmente. Comprueba que las linternas y las pilas estén preparadas y cargadas.

Hace poco, sufrimos un apagón y descubrimos que las pilas de nuestra linterna principal estaban corroídas. Creíamos estar preparados, pero estábamos equivocados.

- Almacena agua, al menos, para tres días (para dos semanas sería mejor) para cada miembro de la familia. La Cruz roja americana recomienda unos cuatro litros por persona y día para consumo e higiene. No olvides que el tanque de tu calentador de agua es una fuente de agua si lo necesitas, y si lo tienes a mano.

- Almacena, por lo menos, suministro para tres días de comida no perecedera, por cada miembro de la familia. Evita las que tienen alto contenido en sodio, porque harán que bebas más cantidad de agua de lo habitual.

- Guarda dinero para emergencias ($200 o más) en billetes pequeños y en un lugar accesible. Es posible que los cajeros automáticos y las tarjetas de crédito no funcionen inmediatamente después de un desastre natural.

- Mantén el depósito de combustible de tu auto al menos por la mitad en todo momento.

- No veas películas sobre desastres que sean comunes en tu zona. Tus ojos y oídos son las puertas de tu alma, es decir, de tu mente, voluntad y emociones. Protégelos del espíritu del temor.

- Visita la página web de la Cruz roja americana (www.cruzrojaamericana.org) para obtener consejos y pautas que te ayuden a prepararte mejor en caso de desastres particulares.

Prepararte lo mejor posible te ayudará a calmar los sentimientos de impotencia. Aunque los desastres son inevitables, tener fe y orar pondrá un muro de protección en tus propiedades. Hay muchas historias de gente que ha hecho eso y ha obtenido resultados milagrosos. Incluso, cuando Dios envió una granizada destructiva sobre Egipto en la época en la que tenían cautivos a los israelitas, protegió a sus hijos y sus propiedades:

> *Y aquel granizo hirió en toda la tierra de Egipto todo lo que estaba en el campo, así hombres como bestias; asimismo destrozó el granizo toda la hierba del campo, y desgajó todos los árboles del país. Solamente en la tierra de Gosén, donde estaban los hijos de Israel, no hubo granizo* (Éx. 9:25-26).

Es hora de confesar y creer en el Salmo 121:7 (NTV): "El Señor te libra de todo mal y cuida de tu vida".

Día 11

Temor al terrorismo

"No tendrás temor de pavor repentino,
Ni de la ruina de los impíos cuando viniere".

PROVERBIOS 3:25

Estoy segura de que tienes un recuerdo vívido de dónde estabas cuando recibiste las noticias sobre el ataque terrorista del 11 de septiembre de 2001. Yo lloré durante días, a pesar de no conocer a ninguna de las víctimas. La vida, tal como la conocíamos, cambió en un día.

Sin embargo, todavía seguimos aquí. Nuestra libertad está intacta, aunque ahora debemos enfrentarnos a más inconvenientes para mantenerla. Los terroristas no ganaron. Virginia Foxx, política norteamericana, lo expresó muy bien: "Es posible que una red terrorista logre captar la atención de una nación que ha pasado por tantas pruebas, pero no logrará que se doblegue ante la presión de algunos actos horribles, como tampoco obtendrá su sumisión".[14]

Análisis del temor

El temor al terrorismo tiene sus raíces en los temores básicos al *dolor y la muerte*, y a la *impotencia o la pérdida de control*. Los terroristas, como la propia palabra implica, utilizan la violencia o la amenaza para intimidar e infundir el pánico y el temor en los ciudadanos de un país, a fin de conseguir sus objetivos políticos. Cuando dejamos de volar o de reunirnos en lugares que pueden ser potenciales objetivos terroristas, ayudamos a los terroristas a conseguir su propósito.

Desde el 11-S, los Estados Unidos y la comunidad global están más atentos a la posibilidad de las amenazas terroristas y se ha progresado mucho para prevenirlas. El gobierno de Estados Unidos, a través del Centro Nacional Contra el Terrorismo (NCTC), hace todo lo posible para combatir el terrorismo nacional e internacional. En este organismo colaboran expertos de más de dieciséis agencias nacionales e internacionales, entre las que se encuentran la Agencia Central de Inteligencia (CIA), el Departamento Federal de Investigación (FBI), y los Departamentos de Estado, Defensa e Interior, entre otros. La operación 24/7 [las veinticuatro horas del día, los siete días de la semana], establecida en 2004, analiza y actúa en todo lo referente a grupos terroristas y potenciales ataques terroristas. Han frustrado muchas conspiraciones de esta naturaleza desde sus inicios.[15]

Plan de acción

A pesar de los esfuerzos y eficacia de la NCTC, la ansiedad respecto a un posible ataque terrorista permanece alta, especialmente en las grandes ciudades. ¿Qué tenemos que hacer para eliminar esos temores?

- Haz planes específicos para aprovechar al máximo el presente. Sal de la prisión del temor. Toma las rutas aéreas del mundo. "Es hora de volver a la vida", dijo Lisa Beamer, antes de subirse al mismo vuelo en el que su marido había muerto aquel 11 de septiembre. Tenía razón. Hace varios meses, Darnell y yo volamos a Nueva York, para celebrar su cumpleaños. Francamente, yo había evitado Nueva York como si fuera una plaga desde el 11-S. No iba yo a acercarme a una zona de peligro. ¡Qué despertar más placentero! La vista del Empire State Building y de la Estatua de la libertad, los descuentos en las tiendas, el paseo por Central Park e, incluso, la bulliciosa muchedumbre en Times Square, se combinaron para hacer de este viaje uno de los más memorables. ¡Nos sentíamos tan vivos solamente por estar allí! Prometimos regresar pronto. Lamento haber permitido que el temor al terrorismo me mantuviera alejada tanto tiempo de una de las ciudades más fabulosas del mundo.

- Relaciónate, de manera frecuente, con viajeros del mundo y otra gente aventurera. Pídeles que te cuenten sus experiencias sobre cómo superan cualquier inquietud que tengan en cuanto a viajar. Evita a los demasiado cautelosos, a los temerosos que han decidido que hibernar es la única manera de sobrevivir. El temor es contagioso.

- No veas reportajes o noticias sobre la actividad terrorista, especialmente si estás planeando hacer un viaje. Es probable que te sientas impotente y aterrorizado cada vez que te expones a imágenes de destrucción y matanzas.

- Considera las posibilidades. Desde octubre de 1999 hasta septiembre de 2009, según los datos que ofrece la Agencia de Estadísticas del Transporte, hubo más de noventa y nueve millones de vuelos en Estados Unidos. Hubo seis ataques terroristas, y solamente cuatro de ellos logró su propósito, el cual provocó 647 muertes. Las posibilidades de ser víctima de un ataque terrorista en un viaje de avión han sido de uno entre más de diez millones en la pasada década. Sin embargo, la posibilidad de morir a causa de un rayo es de uno entre 500.000 al año.[16]

- Recuerda que Dios, y no la NCTC, es nuestro verdadero protector. Él es nuestra torre fortificada hacia la que podemos correr cuando nos sentimos atemorizados. Por tanto, debemos creer y declarar firmemente su Palabra: "Jehová guardará tu salida y tu entrada desde ahora y para siempre" (Sal. 121:8).

Día 12

Temor a la delincuencia
y a la violencia

"No temerás el terror nocturno,
Ni saeta que vuele de día".

SALMO 91:5

Ana fue al centro comercial para comprar un regalo a un amigo. Cautelosa por naturaleza, vio, por el rabillo del ojo, a un hombre detrás de ella cuando salía por la puerta del centro comercial para dirigirse al aparcamiento. No había nadie más. Siguió sus instintos y rápidamente volvió a entrar en el centro, como si hubiera olvidado algo. Una vez dentro, esperó cerca de la puerta hasta que un grupo de clientes se dirigió al aparcamiento. Salió a la vez que ellos y llegó sana y salva a su auto.

Unos días más tarde, recibió una llamada de la policía. Las cámaras de seguridad del centro comercial mostraban que un hombre, realmente, la había estado siguiendo. La policía lo apresó en un incidente parecido, en el que otra mujer había sido víctima. Querían saber si ella podría identificarle. Su sano temor a la delincuencia le permitió responder de manera inteligente a un peligro inminente.

¿Miras constantemente por encima del hombro? ¿Sales con menos frecuencia de lo habitual para evitar un robo o ataque? ¿El último noticiario te ha creado todavía más ansiedad? ¿Has sido alguna vez víctima de un delito o de algún tipo de violencia?

Análisis del temor

El temor a la delincuencia y a la violencia surge del temor básico al *dolor y la muerte*. Durante las épocas de desempleo alto e incertidumbre económica, la actividad criminal se incrementa. Es lógico e inteligente estar alerta ante los posibles peligros y dar los pasos adecuados para nuestra seguridad. No obstante, la delincuencia y la violencia son todavía *excepciones* al comportamiento normal; por eso ocupan los titulares en los noticiarios. Un titular del tipo "Hoy no ha habido delitos", ¿te llamaría la atención? ¡Por supuesto que no! Sin embargo, el aluvión constante de este tipo de noticias hace que nos dé la impresión de que son sucesos interminables. De esa manera, millones de personas viven con temor a convertirse en víctimas. Es posible que el nerviosismo constante, por lo que podría llegar a ocurrir, tenga un efecto negativo sobre la salud física y psicológica de las personas.

Plan de acción

Aquí tienes algunas posibles estrategias para controlar el temor a ser víctima de la delincuencia y algunos pasos preventivos y prácticos para contrarrestar a los posibles responsables.

- Mantén las noticias en perspectiva. La mayoría de las personas no experimentan la delincuencia diariamente; es una experiencia excepcional. Esta es la razón de que salga en las noticias.

- Permanece alerta. Sin llegar a la paranoia, debes ser consciente de lo que te rodea. No te distraigas con los teléfonos móviles, o cuando vas cargado de paquetes, o cosas por el estilo. Ten listas las llaves antes de llegar al auto. Abre solamente la puerta del conductor cuando estés sin compañía; abrir automáticamente todas las puertas te expone al peligro. Cuando te estés acercando a tu vehículo, echa un vistazo rápido alrededor y debajo de este. Además, observa el asiento trasero antes de entrar.

- Cierra el auto tan pronto como estés dentro. No te demores. Puedes tomar un bocado, hacer llamadas telefónicas o admirar tus compras más tarde.

- Escoge los caminos frecuentados cuando des paseos. Evita los atajos, callejones, los huecos de las escaleras, los campos o los aparcamientos.

- Camina sin temor y con seguridad. Mira a los posibles asaltantes a los ojos. Proyecta una imagen que diga: "Si te metes conmigo, ¡lo vas a lamentar!". La mayoría no está buscando un reto.

- No camines sin compañía por sitios o en horarios poco seguros. A veces, cuando salgo a caminar con mi esposo, me asombro de las mujeres que veo solas en parques, prácticamente desiertos, a altas horas de la madrugada antes del amanecer.

- Confía en tus instintos. Como Ana, si notas algo raro, cambia de dirección.

- Mantén la importancia de tus posesiones en perspectiva. Si un ladrón quiere algo, dáselo sin pelear. Todo se puede reemplazar.

- Si alguien trata de secuestrarte, no vayas como una oveja al matadero; conviértete en un gato salvaje y haz todo lo posible por resistirte, llamar la atención y evitar ser introducido en el vehículo.

- Pon el número de emergencia en tu teléfono celular para tener un rápido acceso.

- Mantén tu auto en buen estado y con, al menos, la tercera parte del tanque lleno. Un coche que se ha quedado parado es un foco de atención para delincuentes.

- Si crees que te están siguiendo, conduce hasta la comisaría más cercana o hasta una gasolinera bien iluminada.

- Varía tu rutina. De vez en cuando, toma una ruta distinta al trabajo o a casa. También, modifica tus horarios de partida y llegada.

- No te olvides de conectar la alarma del sistema de seguridad de tu vivienda. Cuando nos robaron en casa, teníamos la puerta del jardín abierta y el sistema de seguridad no funcionaba.

- Permanece fortalecido en la fe y ora para tener, diariamente, un cerco de protección a tu alrededor. Memoriza este pasaje y recítalo a menudo:

  El Señor dice: "Rescataré a los que me aman; protegeré a los que confían en mi nombre. Cuando me llamen, yo les responderé; estaré con ellos en medio de las dificultades. Los rescataré y los honraré. Los recompensaré con una larga vida y les daré mi salvación" (SAL. 91:14-16, NTV).

Parte 2

Temores relacionados con los vínculos

Día 13

Temor a la soledad

"La peor de las soledades es no estar
a gusto contigo mismo".
Mark Twain

Wolfgang Dircks, un hombre divorciado y discapacitado que vivía solo, fue encontrado muerto en su apartamento de Bonn, Alemania, en diciembre de 1998, ¡cinco años después de morir! Al parecer, Dircks murió en 1993 a los cuarenta y tres años, mientras miraba la televisión. Los vecinos del complejo de apartamentos donde residía apenas notaron su ausencia. El dueño llamó a su puerta, solamente, cuando el banco desde donde él pagaba la renta y las facturas se había quedado sin dinero. Una revista de programación televisiva todavía estaba en el regazo del esqueleto del señor Dircks, abierta por la página del 5 de diciembre de 1993, el día en el que se supone que falleció. La televisión hacía tiempo que se había parado en la posición de encendido, pero las luces del árbol de Navidad de 1993 todavía seguían titilando.[1]

Que Dircks viviera *solo*, no significa necesariamente que se sintiera *solo*. Es importante entender la diferencia. *Estar solo* es un estado *físico* de soledad voluntaria o circunstancial, o de aislamiento debido a un divorcio, reclusión, traslado, o cualquier otra causa; *sentirse solo* es un estado *emocional*, por el cual, la persona se siente desconectada, aislada, separada o sin relación significativa con otras personas.

La soledad no es la voluntad de Dios para sus hijos. Adán tenía un entorno ideal en el Huerto de Edén. Es más, era un hombre inteligente como demostró con su habilidad para dar nombre a cada uno de los animales. Sin embargo, Dios declaró: "No es bueno que el hombre esté solo; le haré ayuda idónea para él" (Gn. 2:18). Sí, algunos animales pueden ayudar a aliviar la soledad, pero Dios creó al hombre para que se relacionara con aquellos que son "idóneos" para él. Sentirse solo es un estado emocional doloroso que provoca ansiedad. Muchas personas hacen todo lo posible por evitarlo.

Un estudio de Gallup, realizado en 1990, reveló que cerca del 36% de los estadounidenses se sentían solos. Generalmente, los sociólogos coinciden en que la generación del *baby boom* (designa a la generación surgida después de la Segunda Guerra Mundial, un periodo entre 1946 y 1964) enfrenta una crisis de soledad, ya que la mayoría de ellos viven solos, se casan menos, se divorcian más, se mudan con más frecuencia o, simplemente, prefieren no pensar en las necesidades de otra persona.

Análisis del temor

El temor a la soledad o, a estar solo, es un temor básico, al que se conoce con muchos nombres tales como autofobia, isolofobia y monofobia. Es la raíz de muchas decisiones poco sabias y de un comportamiento contra-producente. Puede afectar significativamente a la calidad de vida de una persona física, emocional, relacional y financieramente. Los estudios demuestran que este temor convierte, a quienes lo padecen, en personas inseguras, nerviosas, dependientes y depresivas. Eso provoca que toleren relaciones disfuncionales o abusivas.

Muchas personas se sienten solas, incluso rodeadas por otros. Esto sucede, por ejemplo, cuando una persona tiene un cónyuge que no le presta atención. A menudo, una persona que teme a la soledad comprará regalos extravagantes (se lo pueda permitir o no) para personas que no se los merecen. Este tipo de relaciones son poco satisfactorias, pero muchos creen que es menos penoso que el vacío total de la soledad.

Todos hemos experimentado la soledad ocasional; sin embargo, la soledad crónica puede ser letal, puesto que ha sido asociada con un incremento en el riesgo de morir de cáncer, de derrame cerebral o de una enferme-dad cardiovascular.

Plan de acción

No tienes que aceptar la soledad como un destino inevitable. Intenta estas estrategias para tener una red social positiva y gratificante.

- Amplía tus intereses. Aprende a disfrutar y realiza más actividades que ampliarán la base de tus relaciones sociales. Clubs del libro, ligas de bolos, grupos de estudio bíblico y clases de ejercicio son unos lugares estupendos para empezar.

- Sé generoso con los demás, y no solamente con dinero. Esto no es una llamada a gastar sin medida a fin de comprar amigos, sino el reto de servir a los demás con tu tiempo, tu talento y tu dinero, cuando sea necesario. "El hombre que tiene amigos ha de mostrarse amigo; y amigo hay más unido que un hermano" (Pr. 18:24).

- Muestra un interés genuino en los problemas de los demás. Intenta no hacer de tus problemas y preocupaciones el centro de toda conversación. "Cada uno debe velar no solo por sus propios intereses sino también por los intereses de los demás" (Fil. 2:4, NVI).

- Procura ser tolerante con los demás, en lugar de juzgarlos. A la gente le encanta relacionarse con personas que las aceptan "tal como son".

- Da por finalizada tu reclusión social voluntaria. Empieza por cultivar tus relaciones, poniéndote en contacto con, al menos, tres personas cada semana, ya sea por teléfono o personalmente. No te dejes absorber por el vacío que supone comunicarse únicamente a través de Facebook, correos electrónicos o mensajes de texto. Comprométete a visitar a los amigos cercanos, a la familia o, incluso, a un vecino o dos en intervalos establecidos (cada dos semanas, cada trimestre, etc.). Tengo tres amigos de hace mucho tiempo, a quienes conocí cuando trabajaba en una compañía como contadora pública hace más de treinta años. Nos reunimos, por lo menos, tres o cuatro veces al año para comer y reírnos, y también para compartir nuestras preocupaciones. También busco oportunidades de tener conversaciones más amplias, al menos dos veces al mes, con otros tres amigos cercanos que viven fuera del estado. Esto requiere t-i-e-m-p-o, pero merece la pena. *Cuidado*: no intentes alimentar una relación que no te aporte nada. Las relaciones positivas deben ser mutuamente satisfactorias.

- Esfuérzate por sentirte a gusto con la soledad. Tómate el tiempo necesario para disfrutar de tu comida o película favorita, o de cualquier otra actividad que puedas realizar sin compañía. Considéralo como un reto personal; otros se sentirán atraídos por tu independencia y confianza. Las Escrituras recogen numerosos ejemplos de Jesús retirándose a un lugar para estar solo y meditar, renovarse o reflexionar (ver Mt. 14:23; Mr. 1:35; Lc. 4:42; 5:16). La soledad es solamente perjudicial cuando es excesiva.

- Rechaza la idea de que no puedes vivir sin que una persona en particular esté en tu vida. Dios es el único que *debes* tener, y ha prometido que nunca te dejará. Muchos esposos han pasado por largos periodos de depresión tras la muerte de sus parejas, porque no habían cultivado una vida exterior. Nunca es tarde para empezar.

- Resiste la tentación de eliminar de tu vida a la gente que te ha ofendido. Extiende hacia ellos el perdón que Dios te ha dado a ti. Tal vez sean ellos los que, en un futuro, den brío a tu vida.

Día 14

Temor al compromiso

"Solamente hay una manera de tener
éxito en todo, y es darlo todo".

VINCE LOMBARDI,
LEGENDARIO ENTRENADOR
DE FÚTBOL AMERICANO

La definición de *comprometerse* ("ligar, obligar, pro-
meter") trae a la mente imágenes de ataduras, restric-
ciones y pérdida de libertad. Es una palabra que asusta
a mucha gente.

Tomemos como ejemplo a Daniel X. Ha vivido con
su novia, Diana Y, durante más de treinta y seis años.
Tienen tres hijas preciosas y varios nietos. Le pregunté
a Daniel, hace unos diez años, por qué nunca se había
casado con Diana. "Su madre es muy controladora y
ejerce mucha influencia sobre ella", me respondió. "No
voy a pelear por ocupar el primer puesto en su vida".

Hace unos años, la madre de Diana falleció. Daniel
siguió sin dar un paso para formalizar la relación. Lo cierto es que este hombre teme al compromiso, no solamente
a una relación romántica a largo plazo, sino a cualquier
cosa que exija una obligación más amplia, incluso, una

hipoteca. Por eso, continúan viviendo en un apartamento pequeño, y Diana ya ha abandonado toda esperanza de llevar su apellido o de tener una casa propia algún día.

Análisis del temor

En general, el temor al compromiso se centra en la libertad, los privilegios o los recursos que una persona cree que perderá y en el temor a aquello con que podría encontrarse. Por una cuestión de brevedad, limitaremos esta discusión a las relaciones románticas.

El temor al compromiso con una pareja tiene su raíz en el temor básico a *perder el control* (¿por qué tengo que renunciar a mi independencia?), *sufrir carencias* (¿qué pasa si ella destruye mis finanzas?), *sentirse incapaz* (¿cumplo con sus expectativas?), *soledad* (¿qué pasa si me deja?), y temor al *dolor* (no quiero volver a pasar por ese daño emocional que sufrí en el pasado). Daniel y Diana son como millones de parejas que viven juntas, pero tienen fobia al compromiso. Como una o las dos partes de la pareja temen a lo desconocido, deciden vivir juntos, en primer lugar, en un "matrimonio de prueba".

Sin embargo, vivir juntos sin casarse puede compararse con alquilar una habitación, en lugar de comprar una casa. Si se necesita una reparación en la habitación alquilada, es probable que abandonen esa habitación y busquen otra. Si la casa necesita una reparación, sus propietarios harán todo lo necesario para proteger su inversión.

Psicología hoy publicó los descubrimientos del sociólogo de la Universidad de Yale, Neil Bennett, que afirma que las mujeres que viven en pareja y, luego se casan, tienen un 80% más de posibilidades de separarse o divorciarse que las mujeres que no viven con sus parejas antes del matrimonio.[2] En la sociedad actual, muchas mujeres, especialmente las que tienen poder económico, son reacias a comprometerse con un hombre. No obstante, suele ser el hombre el que quiere mantener una relación fluida y flexible para ejercer su opción de quedarse o irse cuando quiera.

Plan de acción

Una relación sin compromiso es como un sello sin adhesivo. Si estás preparado para superar tus dudas en cuanto al compromiso, intenta las siguientes estrategias:

- Comprométete a ser honesto contigo mismo, en primer lugar, y después con los demás, respecto a tus sentimientos y motivaciones. Piensa en el Salmo 51:6: "Yo sé que tú amas la verdad en lo íntimo; en lo secreto me has enseñado sabiduría".

- Determina qué circunstancia, suceso o situación específica motivó tu temor al compromiso (por ejemplo, observar malos ejemplos en tu infancia, principalmente de los padres, experiencias negativas en anteriores relaciones, la experiencia negativa de un amigo). ¿Has observado algún patrón de comportamiento similar en ti o en alguna posible pareja?

- Reconoce el papel que jugaste en el fracaso de tu relación anterior, incluso, al permitir el mal

comportamiento del otro. ¿Eres diferente ahora?
¿Deseas cambiar?

• Evalúa si tienes sentimientos genuinos hacia tu
pareja o si únicamente ocupas tu tiempo hasta
que aparezca alguien mejor, o hasta que alguien
se libere de otra relación.

• Discute tus temores específicos con tu pareja: "Me
da temor que intentes cambiarme"; "Me siento
anulado cuando no te sometes a mí"; "Si nuestro
matrimonio fracasa, puedes irte con mi dinero
y dejarme en la ruina"; "No me vas a dejar pasar
tanto tiempo con mis amigos como ahora"; "Puedes aumentar de peso"; "Puedes exigirme demasiada atención". Pídele que te diga lo que piensa
de las preocupaciones que manifestaste.

• Prueba a estar treinta días (o más) sin contacto
alguno con la persona que te interesa romántica-
mente, y comprueba cómo sería la vida sin él o
ella. Algunas relaciones sin compromiso se basan
solamente en la conveniencia, así que evalúa tus
sentimientos, aparte de los inconvenientes que
puedes sufrir. La conveniencia es un fundamento
inestable para el matrimonio.

• Reevalúa tus expectativas. No esperes que tu
pareja satisfaga todos los aspectos de tu vida. Por
ejemplo, es posible que tengas que satisfacer tus
necesidades de aventura con amigos valientes y
contentarte con que tu pareja sea leal, cariñosa y

divertida. Por supuesto, compartir las actividades de ocio es importante para la mayoría de los hombres, así que sería bueno que aceptasen realizar juntos actividades que les satisfagan a ambos (por ejemplo, hacer senderismo o pasear en barco, en lugar de escalar o hacer paracaidismo).

- Si has discutido y tolerado que tu pareja haya roto sus compromisos sin sentir el más mínimo arrepentimiento, rompe ya el compromiso y reduce tus pérdidas ahora mismo. Vuelve a leer el capítulo 13: "Temor a la soledad".

- Si no se observa falta de compromiso o problemas en tu relación, sino que, simplemente, tienes temor a lo desconocido, utiliza la fe para salvar las distancias entre tus dudas y la paz que deseas. No fabriques razones para evitar comprometerte; deja de fijarte en cada pequeña imperfección. Establece con tu pareja cuáles son los asuntos que provocarían una ruptura (maltrato, infidelidad); luego, prosigue con el compromiso. Ofrece una oportunidad al Gran Consejero para mostrarse fuerte en tu vida. No toleres una relación que deshonre a Dios. La única relación sexual íntima que complace a Dios es aquella que está basada en un compromiso formal ante Él de permanecer unidos para lo bueno y para lo malo. He disfrutado de una relación plena y comprometida con mi esposo durante más de treinta años. Sí, ambos meditamos sobre "qué pasa si..." antes de decir "sí, quiero". Al final, sabíamos que el éxito de nuestra relación dependería de nuestro compromiso de poner a Dios en primer lugar y llevar el matrimonio a su manera.

Día 15

Temor a la intimidad

*"Para decir 'Yo te quiero' primero
hay que saber decir 'Yo'".*

AYN RAND, NOVELISTA
RUSO-AMERICANA, FILÓSOFA

Adán y Eva la experimentaron… hasta que pecaron. Desnudos y sin sentir vergüenza, eran totalmente vulnerables el uno para el otro. Después de la caída, cubrieron su desnudez con hojas de higuera (Gn. 2:25; 3:7). Sansón hizo la trágica suposición de que tenía intimidad con Dalila. Cuando le contó que su pelo era el secreto de su fuerza, ella lo traicionó y le afeitó la cabeza, a cambio del dinero ofrecido por sus enemigos (Jue. 16). Jesús tuvo intimidad con sus discípulos, llamándoles "amigos", en lugar de siervos (Jn. 15:15).

Intimidad. Relación que implica una conexión cercana, familiar y normalmente afectiva con otra persona o grupo. La intimidad emocional es el cimiento de cualquier relación significativa y gratificante. Sin ella, las relaciones son superficiales e insatisfactorias.

Análisis del temor

Millones de personas desean tener intimidad, pero es posible que asuste la perspectiva de revelar a otros los temores, necesidades, inseguridades, secretos, esperanzas, sueños, opiniones curiosas o nuestros aspectos menos deseables. El temor a la intimidad tiene su origen en el temor a la *soledad* ("si me conocieras de verdad, me dejarías"), el temor a *sentirse incapaz* ("descubrirán que soy un impostor, que es como me siento"), y el temor a *perder el control* ("ahora que ella sabe cómo me siento, puede utilizar esta información para controlarme").

El temor a la intimidad es diferente del temor al compromiso. Se puede comparar con la manera en que tratamos a las visitas y la manera en que lo hacemos con nuestros amigos íntimos. La mayoría de los visitantes que vienen a mi casa se quedan en la parte de abajo, en el salón; simplemente, les permito pasar a mi casa. Cuando me visitan mis amigos más cercanos, les invito a subir para que vean lo último que he hecho en las ventanas, las fotos, las plantas, o cualquier otra cosa. Esta invitación se reserva para gente especial y ellos disfrutan de ese privilegio que concedo. Así se sienten tu pareja, tus amigos cercanos, y otras personas cuando tú les permites "subir" a la parte alta de tus emociones.

La intimidad emocional es uno de los regalos más grandes que puedes darle a otra persona. Experimentar la intimidad llena el alma de tu pareja y la tuya… y elimina la soledad. ¿Por qué permitir que el temor niegue a otros esa oportunidad tan gratificante? Y sí, la Biblia sugiere la intimidad emocional entre los varones. Los ancianos de la iglesia en Éfeso, al darse cuenta de que nunca volverían a ver a Pablo "hubo gran llanto de todos; y echándose al cuello de Pablo, le besaban" (Hch. 20:37). Esta escena contrasta grandemente con la manera en la que los hombres se comportan en la cultura norteamericana, pues tratan de acallar sus emociones. No obstante, los llamados "chicos duros" necesitan cariño y afecto, igual que cualquier otro. No te niegues esto. Añadirás años a tu vida y vida a tus años.

Plan de acción

El afamado atleta Bill Russell dice: "A la mayoría de las personas les resulta más difícil dejarse amar que encontrar alguien que los ame". Si estás listo para dejar que desaparezcan tus dudas sobre la intimidad, intenta las siguientes estrategias:

- Intenta comprender cuál es el origen de tu temor. ¿Qué sucedió realmente para que ahora tú evites que te conozcan?

- Acepta completamente cada característica, cada imperfección tuya, como una obra maestra de Dios; así puedes dejar de preocuparte por el rechazo de no ser perfecto.

- Tantea el terreno. Empieza gradualmente con unos pocos amigos cercanos y tolerantes, y comienza a compartir con ellos tus ideas sobre ciertos temas sociales o políticos. No tienes por qué ser dogmático. Más tarde intenta alargar la conversación a los retos y triunfos de tu infancia.

- Confiesa tus problemas con el peso, la imagen u otros temas personales. Deja de fingir que llevas una talla más pequeña. Pide ayuda. Descubre el gozo de ser auténtico.

- Practica decir: "te quiero" a la gente importante de tu vida, incluso si te resulta extraño hacerlo. ¿Qué pasa si nunca te lo dicen a ti? Deja de tener temor. "Te quiero" no significa "quiero ser tu esclavo", ni "toleraré lo que sea, con tal de que sigamos juntos".

- No permitas que el temor a la intimidad produzca incertidumbre y aislamiento en tu matrimonio. Muchas mujeres creen que el comportamiento distante del hombre es signo de infidelidad. Dios ha establecido el matrimonio para que sea una fuente de apoyo, estabilidad y cercanía. Ejercítate, al expresar y demostrar tu preocupación y cuidado. Considero un acto de intimidad el hecho de que mi esposo se preocupe por llevar mi auto al mecánico, especialmente, cuando sería más conveniente que lo hiciera yo.

- Comprende que rezongar, criticar y comportamientos similares son enemigos de la intimidad.

Día 16

Temor al rechazo

"No hay nada como el rechazo para obligarte
a hacer un inventario de ti mismo".

JAMES LEE BURKE, AUTOR NORTEAMERICANO

Nadie se libra de ser rechazado. Hasta Dios y Jesús lo experimentaron. Los israelitas, el pueblo elegido de Dios, rechazaron su gobierno en favor de un rey terrenal, para asemejarse a otras naciones. Su actitud fue la de "ya basta de jueces" y Dios respondió a su petición de tener un rey. Consoló a Samuel, el juez de aquel momento, que se sintió rechazado personalmente. "Y dijo Jehová a Samuel: Oye la voz del pueblo en todo lo que te digan; porque no te han desechado a ti, sino a mí me han desechado, para que no reine sobre ellos" (1 S. 8:7). Más tarde, dio instrucciones a Samuel para que les advirtiera sobre las consecuencias directas de ser gobernados por un rey terrenal (1 S. 8:9-18).

La gente de Nazaret rechazó a Jesús y su ministerio solamente porque había crecido allí y le conocían a Él y a su familia (Mr. 6:1-6). El viejo dicho "lo que se tiene, no se aprecia" nunca fue más evidente. Jesús no se sentó a lamerse sus heridas emocionales; simplemente, siguió hacia donde la gente le recibía mejor.

Análisis del temor

El temor al rechazo es un temor bastante común que tiene su origen en el temor a la *soledad* y a *sentirse incapaz*. El rechazo puede provocar un sentimiento de aislamiento; también, tiende a confirmar el sentimiento de incompetencia. Es natural sentir temor al rechazo, si concedes demasiada importancia a determinadas personas y a su manera de pensar respecto a ti.

A menudo, cuando era joven, sucumbía a este temor; decía que sí, cuando realmente quería decir no; hacía todo lo posible para ser aceptada. La expectativa del potencial aislamiento me parecía una sentencia de muerte. Lo irónico de obrar por temor al rechazo es que, al final, sueles terminar rechazado. Cuando la gente se da cuenta del poco valor que te concedes, acaba por tratarte como corresponde. *Tú le enseñas a la gente a valorarte mostrándoles cómo te valoras.* Si nunca expresas una preferencia, una línea divisoria, un límite en la manera en que los demás se relacionan contigo, es muy probable que den por sentado que no existen y se comporten contigo de esa manera. Piensa que, incluso Dios y Jesús, fueron rechazados, pero ninguno de ellos respondió de un modo que fomentara esa conducta.

Plan de acción

Las claves para vencer el temor al rechazo están en ti. Esta es la manera de liberarlas:

- El paso más crítico para vencer un temor es aceptar cada parte de tu ser con un pensamiento *individualista*. Debes creer que estás diseñado de forma única (física, intelectual y temperamentalmente) y que has sido puesto en la Tierra por un propósito específico. No debes rechazar ningún aspecto del diseño de Dios o del plan que Él tiene para ti. Debes estar totalmente persuadido y declarar, como hizo el salmista:

  Porque tú formaste mis entrañas; tú me hiciste en el vientre de mi madre. Te alabaré; porque formidables, maravillosas son tus obras; estoy maravillado, y mi alma lo sabe muy bien. No fue encubierto de ti mi cuerpo, bien que en oculto fui formado, y entretejido en lo más profundo de la tierra. Mi embrión vieron tus ojos, y en tu libro estaban escritas todas aquellas cosas que fueron luego formadas, sin faltar una de ellas. (Sal. 139:13-16)

- Ahora que ya tienes la perspectiva general, determina cuándo y dónde se originó la idea de que eres inferior o que "vales menos" que cualquier otra persona o grupo por el que temas ser rechazado. Tal vez tuviste padres muy críticos, profesores con poco tacto, compañeros de clase crueles, o una pareja que te agredía verbalmente; sea cual sea la razón, recuerda que Satanás es el padre de *todas* las mentiras (Jn. 8:44). Utilizó a alguien para que te mintiera sobre tu valía y potencial. Repite: "Era una mentira, era una mentira, era una mentira". Decídete a rechazar la mentira ahora mismo. (Uno de mis mentores solía decir: "¡Rechaza el rechazo!").

- Haz una lista de todos los dones que Dios te ha dado, de los aspectos positivos, las ventajas u otras cosas beneficiosas que posees, las cuales son o pueden ser una bendición para los demás. No utilices valores mundanos al hacer esta lista. Céntrate en rasgos del carácter tales como la integridad, la lealtad, la generosidad, y la paciencia. Piensa de qué forma puedes utilizar cada uno de ellos para glorificar a Dios y mejorar la vida de otra persona.

- Sé tú mismo cuando estés con los demás. Céntrate en lo que puedes ofrecer, en lugar de cómo los otros perciben tu forma de ser. No te des aires de grandeza, no alardees ni menciones nombres de personas famosas para ponerte al mismo nivel de los demás. Ya eres igual que los demás; aunque no tengas el mismo nivel cultural, la misma experiencia, el mismo estatus social o financiero, o la misma procedencia. ¿Desde cuándo esas cosas hacen que alguien sea inherentemente superior a otra persona, sobre todo a los ojos del Padre?

- Dedica tiempo con personas con las que tengas afinidad y que te valoren; evita a los críticos que solamente refuercen tu sensación de incapacidad.

- No te quedes callado sólo para mantener la paz.

Enfréntate al comportamiento que te afecta negativamente. Jesús lo ordenó (Mt. 18:15; Lc. 17:3). (Consulta mi libro *Confrontar sin ofender* para lograrlo con eficacia).

- Si te rechazan, haz lo que hizo Jesús. Sigue adelante, y da gracias a Dios por haber hecho que se cerrara la puerta a esa relación. Adopta la forma de pensar de la mujer de Proverbios 31 y "ve que [tus] negocios van bien" (v. 18).

- Respeta las decisiones de los demás de no querer relacionarse contigo. Piensa en la última vez que fuiste de compras. ¿Compraste todo lo que viste? Claro que no. ¿Las rechazaste por ser inferior? Seguro que no. Simplemente decidiste que no eran para ti. Por supuesto, si notas un patrón de rechazo, y no conoces la causa, deberías pensar en averiguarla. Por ejemplo, puedes llamar a algún antiguo amigo o novio y decirle: "Escucha, por mi propio desarrollo personal me gustaría saber qué opinas de mí. No es que quiera retomar nuestra relación, solamente quiero saber qué te impulsó a terminarla. Me gustaría mucho que hablaras con total honestidad". Asegúrate de proyectar una actitud optimista. Escucha objetivamente y no te pongas a la defensiva; estás recogiendo información. Ten la disposición para cambiar si lo que te dicen merece la pena.

Día 17

Temor a perder a
un ser querido

"Porque el temor que me espantaba me ha venido,
y me ha acontecido lo que yo temía".

Job 3:25

Si fueras un padre temeroso de Dios, con diez hijos
a quienes les gusta hacer fiestas, sería natural que te
preocuparas por su relación con el Todopoderoso. Toma
el ejemplo de Job. Era un hombre rico y justo. Poseía
siete mil ovejas, tres mil camellos, quinientas yuntas de
bueyes, quinientas asnos, y muchísimos sirvientes.

A pesar de sus propiedades, su preocupación fun-
damental consistía en que sus hijos pudieran algún día
ofender a Dios con sus fiestas y sufrir su ira. El temor
de Job le llevaba a hacer sacrificios a Dios en nombre
de sus hijos para "purificarlos", cada vez que hacían un
banquete. "Muy de mañana ofrecía un holocausto por
cada uno de ellos, pues pensaba: 'Tal vez mis hijos hayan
pecado y maldecido en su corazón a Dios'. Para Job ésta
era una costumbre cotidiana" (Job 1:5, NVI).

Un día, todo se hizo pedazos. Tres mensajeros trajeron

noticias de que diferentes asaltos y fuego caído del cielo habían acabado con todas las riquezas de Job y también con todos sus sirvientes. El cuarto mensajero trajo las noticias más temidas. La casa del hijo mayor de Job, donde sus hijos se habían reunido para hacer un banquete, había sido derribada por un fuerte viento. Ninguno se había salvado. Siete hijos… tres hijas… todos muertos en el mismo día. Job más tarde se lamentaría: "Porque el temor que me espantaba me ha venido, y me ha acontecido lo que yo temía" (Job 3:25).

Análisis del temor

El temor a perder a los seres queridos tiene su raíz en los temores al *dolor (emocional) y a la muerte, a la soledad y a la pérdida de control*, e incluso al *temor a la ruina financiera*, puesto que, tal vez, esos seres queridos sean nuestra única fuente de apoyo financiero. No sugiero en absoluto que un motivo egoísta sea la causa principal de la angustia, pero la posibilidad de una pérdida económica y la incertidumbre sobre futuros ingresos pueden ser asuntos que produzcan temor.

Por penoso que pueda resultar un ejercicio como este, te ruego que pienses en la persona cuya pérdida sería la más dolorosa. ¿La idea de perderla te produce, regularmente, gran ansiedad? ¿Te das cuenta de que saboteas tu felicidad actual al anticipar un dolor emocional futuro?

Plan de acción

Aquí van algunas sugerencias para mantener controlado el temor a perder a un ser querido, a fin de que puedas vivir con tranquilidad, libre de preocupaciones innecesarias.

- Pídele a Dios misericordia para aceptar que la muerte es una parte inevitable de tu vida. Tanto tú como tus seres queridos tendrán que morir algún día, y sólo Dios sabe quién morirá primero. Por lo tanto, preocuparse por algo que está fuera de tu control sólo consigue robarte tu calidad actual de vida.

- Determina qué aspecto de la pérdida es el que no quieres afrontar: la pérdida de la compañía de esa persona, su amor incondicional, su oído atento, u otro. Piensa si tu ansiedad ante la posible pérdida de esa persona es un signo de que necesitas ampliar tus intereses, o profundizar tus relaciones con los demás para no sentirte solo cuando él o ella se haya ido.

- Aprovecha al máximo el momento. Piensa en qué harías si tuvieras muy poco tiempo para estar con tu ser querido. ¿Qué dejarías de hacer? ¿Planearías ese viaje que siempre has soñado hacer? ¿Dejarías de mostrarte tan crítico con él? ¿Te sentirías más inclinado a expresar tus sentimientos hacia él? ¿Encontrarías más tiempo para hacerle una visita?

- Comprométete a mantener, diariamente, una relación cordial con tus seres queridos para que no haya necesidad de lamentarlo, cuando ellos ya no estén. Mi novio, de muchos años en la escuela secundaria, murió en un accidente de automóvil durante mi primer año en la universidad. Durante años, viví con el remordimiento de que mi última conversación con él la terminé colgándole el teléfono tras una discusión tonta. Ahora, hago lo posible para resolver todos los conflictos que tengo con mi esposo o con otros de forma piadosa y en el momento preciso.

- Esfuérzate todo lo posible para asegurarte de que tus seres queridos tienen una buena relación con Dios, a través de la sangre de Jesús. Entonces, tendrás la seguridad de que estarán en paz y que pasarán la eternidad juntos.

- Si la muerte de tu ser querido es inminente, pasa el mayor tiempo posible con esa persona, durante sus últimos días. Siempre conservaré el recuerdo de los 37 días que pasé con mi padre, antes de que partiera al cielo.

- Recuerda que tu ser querido también es un ser querido para Dios. Pide misericordia para confiar en su decisión, con respecto a la duración de su vida. Cuando llegue el momento de afligirse por su pérdida, tu Padre celestial estará ahí, proporcionando la gracia que necesitas y concediéndote una paz inexplicable. "Echa sobre Jehová tu carga, y él te sustentará; no dejará para siempre caído al justo" (Sal. 55:22).

• Renuncia al espíritu del temor. Jesús murió para que tú no sufras ese temor.

Debido a que los hijos de Dios son seres humanos —hechos de carne y sangre— el Hijo también se hizo de carne y sangre. Pues sólo como ser humano podía morir y sólo mediante la muerte podía quebrantar el poder del diablo, quien tenía el poder sobre la muerte. Únicamente de esa manera el Hijo podía libertar a todos los que vivían esclavizados por temor a la muerte (HE. 2:14-15, NTV).

Día 18

Temor a las interacciones sociales

"Por nada estéis afanosos, sino sean conocidas vuestras peticiones delante de Dios en toda oración y ruego, con acción de gracias. Y la paz de Dios, que sobrepasa todo entendimiento, guardará vuestros corazones y vuestros pensamientos en Cristo Jesús".

FILIPENSES 4:6-7

Estamos programados para ser criaturas sociales, para estar en compañía de otros. Incluso, aunque el temperamento que Dios nos ha dado influya en nuestra manera de relacionarnos con otras personas, las experiencias que vivimos juegan un papel muy importante en el desarrollo de nuestras habilidades sociales.

Toma el ejemplo de Laura. Desde que era una adolescente hasta sus primeros años de adulta, sufrió de un tipo de acné que le desfiguró la cara. Su madre, que era una persona muy crítica, le decía que lucía espantosa. Ella suponía que todo el mundo pensaba de igual manera. Casi nunca miraba a los ojos a la gente por temor a ser menospreciada. Finalmente, descubrió un tratamiento que corregía las cicatrices provocadas por el acné, aunque las cicatrices emocionales permanecieron allí. No salía, excepto para ir a trabajar. Le producía pánico el hecho de pensar en asistir a las reuniones sociales de su compañía. Cuando sus compañeros de trabajo trataban de incluirla en las conversaciones, ella respondía con respuestas cortantes para minimizar esos momentos de interacción, lo cual era percibido como una descortesía. El temor de Laura a relacionarse socialmente la conducía rápidamente al aislamiento. Cuando el dolor por la soledad se hizo insoportable, pidió ayuda. Ahora, ha vencido el temor que antes la controlaba.

Análisis del temor

El temor a las relaciones sociales se origina en el temor básico a *sentirse incapaz* y a la *soledad*. Se caracteriza por el hecho de evitar situaciones donde uno se siente escudriñado o juzgado por los demás. A menudo, el desencadenante de este temor aparece en la adolescencia o, simplemente, se debe a que se tienen pocas oportunidades para relacionarse socialmente. Millones de personas sufren el temor a las interacciones sociales, lo cual va más allá de la mera timidez.

Aunque es posible que mis compañeros me consideren una experta en el hecho de sociabilizar, a menudo siento ansiedad cuando sé que tengo que relacionarme con "gigantes intelectuales" que pueden filosofar sobre temas mundiales. Procuro mantenerme al día en cuanto a las noticias y tengo una idea general sobre asuntos políticos, porque escucho debates, tanto de conservadores como de liberales. Estoy versada en las reglas de la etiqueta social y de trabajo (¡hasta he escrito un libro muy popular sobre el tema!). Tengo un buen dominio de mi idioma y soy capaz de expresar correctamente mis ideas.

Sin embargo, cuando me encuentro con políticos u otros expertos, temo decir algo que me haga parecer como si no tuviera idea del tema del que se discute. Sé que la clave para sobrevivir a estas situaciones es hacer preguntas y dejar que los demás parezcan inteligentes, pero a menudo temo que, incluso al hacer una pregunta, ellos quieran saber por qué no sé ya la respuesta. Estoy segura de que ellos no me considerarán su igual en la conversación.

Cuando noto que mi pensamiento va en esa dirección, inmediatamente detengo esas ideas negativas y empiezo a decirme: *Oye, Deborah, nadie de los que están aquí es mejor que tú. Tu aporte es tan valioso como la de cualquier otro. No lo puedes saber todo. No eres intelectual o socialmente inferior a nadie. Ahora vuelve al ruedo y ¡disfruta del momento!*

Plan de acción

No hay atajos para superar el temor a las interacciones sociales. Deberás esforzarte para llegar a sentirte cómodo con la gente. Aquí van algunas estrategias infalibles:

- Deja de decir que tienes fobia social. ¿Por qué añadir algo tan destructivo a tus objetivos y tus relaciones? Rechaza ese espíritu: "Porque no nos ha dado Dios espíritu de cobardía, sino de poder, de amor y de dominio propio" (2 Ti. 1:7).

- Dedícate a una actividad que realmente te guste para tener algo de qué hablar con pasión.

- Aprovecha las oportunidades. El hecho de que te consideras "tímido" no significa que debas evitar las oportunidades que se te presenten para superar esa timidez. La evitación refuerza el temor.

- Ignora los fuertes latidos del corazón, la voz temblorosa, la transpiración, el nudo en el estómago u otros síntomas de la ansiedad; no son mortales.

- Sonríe. Es algo contagioso y esencial para parecer amigable.

- Establece el objetivo de iniciar una conversación, al menos, con dos o tres personas en cada evento social. Incrementa el número, a medida que te sientas más cómodo.

- Preséntate; di tu nombre despacio y con confianza.

- Contrarresta la timidez al centrar la atención en los demás. Haz preguntas que no sean demasiado personales ni entrometidas para que los demás hablen de su tema favorito: ellos mismos. Presta atención genuinamente y responde a sus preguntas en lugar de preocuparte sobre qué preguntarás después.

- Recuerda que puedes *influir* en lo que la gente piensa de ti, pero no puedes *controlarlo*, así que deja de pensar en su evaluación o aprobación.

- Medita en Filipenses 4:6-7 y deja que la paz de Dios gobierne el corazón.

Una vez que te sientas con más seguridad en los vínculos sociales, abrirás la puerta a todo un mundo nuevo de oportunidades ¡y diversión!

Parte 3

Temores psicológicos

Día 19

Temor a sentirse incapaz

"Bástate mi gracia; porque mi poder
se perfecciona en la debilidad".

2 Corintios 12:9

No lo podía creer cuando miré la agenda de la conferencia. Los organizadores me habían colocado como la última conferencista. Lo tradicional es reservar lo mejor para el final, ¿verdad? Mi corazón empezó a latir con fuerza.

El conferencista A era un portento, un hombre muy respetado y conocido internacionalmente, el cual habló con apasionamiento sobre una historia personal interesante y desgarradora, acerca del abandono y la adicción a las drogas. El conferencista B era un hombre famoso, que tenía un testimonio impresionante sobre cómo pasó de la miseria a la opulencia. Como conferencista C, me parecía que no tenía nada que decir que pudiera captar, realmente, la atención del público. Después de todo, mis padres nunca me habían abandonado, jamás había probado las drogas, me eduqué en la iglesia, terminé la universidad, me casé con un hombre maravilloso, y tuve una carrera laboral estupenda en el ámbito corporativo norteamericano. Por supuesto, he sufrido física y emocionalmente a lo largo de mi vida, pero nada comparable con las historias de los otros dos conferencistas. Podía imaginar a toda la audiencia bostezando, si ofrecía *ese* tipo de testimonio.

El hecho de ver miles de rostros, que esperaban oír algo profundo, hizo que mi corazón se acelerara todavía más. Me sentía completamente incapaz… hasta que recordé aplicar lo que predicaba. Mis propias palabras se hicieron eco en mi mente: *Claro que soy incapaz. Todos lo somos en nuestras fuerzas.* Jesús lo dijo: "Yo soy la vid, vosotros los pámpanos; el que permanece en mí, y yo en él, éste lleva mucho fruto; porque separados de mí nada podéis hacer" (Jn. 15:5). Cuando fijé mis pensamientos en esta verdad, sentí que una gran confianza inundaba mi corazón. Aquel día, ofrecí un mensaje de aquellos que cambian vidas, por lo que pude deducir posteriormente de los correos electrónicos de los asistentes.

Análisis del temor

El temor a sentirse incapaz es uno de los cinco temores básicos (de los cuales hablamos en el prólogo) que determinan la calidad de nuestra vida. Como temor básico, también es el cimiento de gran número de temores de los que hablamos en este libro. Este estado mental debilitante, en el que pensamos que no somos lo suficientemente buenos, suele originarse en la infancia cuando los padres, los profesores y otras personas a quienes consideramos importantes, e incluso nosotros mismos, comparan nuestro rendimiento o apariencia con los de otros. En la edad adulta, el sentimiento de ineptitud se desencadena por la misma tendencia que tenemos a compararnos con los demás o por el temor a no cumplir con ciertas expectativas (incluso las poco realistas que fomentan los medios de comunicación).

Desde Moisés, que no se sentía capaz de ser el portavoz y liberador de los israelitas, hasta la estrella del pop Michael Jackson, que buscó la perfección física y profesional, el temor a sentirse incapaz ha sido siempre el azote de la humanidad. Ninguna estadística puede medir el número de sueños abandonados debido a esta emoción paralizante. Para deshacernos de ella, tenemos que aprender a aceptar dos verdades primordiales: (1) *sin* Dios somos incapaces, y (2) *con* Él somos más que vencedores (Ro. 8:37).

Plan de acción

Pon a prueba estas estrategias para progresar del temor a sentirte incapaz a la seguridad de ser competente:

- Entiende que es un gran negocio hacer que nos sintamos incapaces. Mantente alerta a los mensajes publicitarios que te dicen que tú no eres capaz o que tu situación actual no lo es. Reconoce cuando te tiendan una trampa para que "compres la aptitud".

- Deja de rechazarte a ti mismo. No eres demasiado viejo ni joven, ni demasiado feo o guapo, ni demasiado moreno o rubio, ni demasiado tonto o educado. No eres demasiado nada. Tienes un diseño a media para un destino único. Empieza a declarar: "Te alabaré, porque formidables, maravillosas son tus obras" (Sal. 139:14).

- Observa el desempeño excelente o superior de los demás como fuente de motivación y no de intimidación. Mientras tanto, no pierdas de vista tus dones únicos (sí, estás dotado para *algo*).

- Voluntariamente, confiesa ante Dios que eres incapaz. Joni Eareckson Tada dice: "Si niegas tu debilidad, nunca te darás cuenta de la fortaleza de Dios dentro de ti".

- Preséntate para la tarea. Dios busca siempre una vasija a través de la cual pueda mostrar su fortaleza. "Porque los ojos de Jehová contemplan toda la tierra, para mostrar su poder a favor de los que tienen corazón perfecto para con él" (2 Cr. 16:9).

- Busca la intimidad espiritual que viene de depender de Dios. Uno de los periodos más significativos de mi crecimiento espiritual se produjo cuando acepté un trabajo que estaba muy por encima de mí. Experimentar la revelación y la dirección de Dios durante ese periodo supuso un gran cambio en mi manera de pensar. Me di cuenta de que nunca podría tener todos los conocimientos que necesitaba para triunfar. Por tanto, debo mantener una conexión íntima con mi Padre omnisciente. Imagínate lo que significa estar conectado con un ser que lo sabe todo, que te ama, y que quiere lo mejor para ti.

- Memoriza y medita sobre 2 Corintios 3:5: "No que seamos competentes por nosotros mismos para pensar algo como de nosotros mismos, sino que nuestra competencia proviene de Dios." Este pasaje confirma que la aptitud no emana *de* ti, sino que fluye *a través de* ti.

Día 20

Temor a hablar en público

"Hablas bien, si tu lengua comunica el mensaje de tu corazón".

JOHN FORD, DIRECTOR DE
CINE NORTEAMERICANO

Moisés no podía entender por qué él era la persona escogida para persuadir a Faraón de que liberara de la esclavitud a los israelitas. Sin duda, Dios conocía sus embarazosas dificultades para expresarse. Escuchemos su diálogo:

Pero Moisés rogó al SEÑOR: "Oh Señor, no tengo facilidad de palabra; nunca la tuve, ni siquiera ahora que tú me has hablado. Se me traba la lengua y se me enredan las palabras".

Entonces el SEÑOR le preguntó: "¿Quién forma la boca de una persona? ¿Quién decide que una persona hable o no hable, que oiga o no oiga, que vea o no vea? ¿Acaso no soy yo, el SEÑOR? ¡Ahora ve! Yo estaré contigo cuando hables y te enseñaré lo que debes decir".

> *Pero Moisés suplicó de nuevo: "¡Te lo ruego, Señor!*
> *Envía a cualquier otro" (Éx. 4:10-13, NTV).*

Ni siquiera Dios pudo convencer a Moisés de que era capaz de cumplir con el aspecto oral de su misión histórica. Dios se enojó con Moisés, pero, finalmente, aceptó que Moisés fuera el líder y su hermano Aarón el portavoz (Éx. 4:14-16).

Análisis del temor

Moisés no era el único. Según Toastmasters International, la glosofobia, el temor a hablar en público, es el temor número uno entre los seres humanos. Tiene su origen en los temores básicos a *sentirse incapaz* y a la *soledad* (aislamiento). La mayoría de la gente se pone nerviosa cuando tiene que hablar ante un grupo, porque temen ser humillados, parecer tontos, sufrir un ataque de pánico o quedarse en blanco. Quizá, recuerden alguna experiencia vergonzosa en su niñez, cuando toda la clase se burló de ellos o el pánico que sintieron al olvidarse una línea en la obra teatral del colegio. Sucesos de ese tipo pueden socavar tu confianza de por vida si no "te vuelves a subir a la bicicleta" y andas de nuevo en ella.

Como tengo tendencia a hablar deprisa, solía tener temor a quedarme sin material antes de tiempo y no tener nada que decir cuando daba una conferencia. Esto me ha sucedido en algunas ocasiones, a pesar de que controlo de antemano la duración de mis charlas. Sin embargo, la gracia de Dios me ha proporcionado, de forma inmediata, información y perspectiva, cuando pongo la fe en acción.

Admito que puede asustar un poco. No obstante, sé

que los objetivos se consiguen comunicándose con la gente, a veces con grupos grandes. Ningún líder, ni nadie que desee conseguir algo significativo en la vida, puede permitirse sucumbir a este temor, al evitar las ocasiones de hablar en público. Es más, dejar que el temor, la timidez o la vergüenza nos impidan compartir la información que Dios nos ha encomendado es el epítome del orgullo y el egoísmo. Desafortunadamente, mucha gente decide que la opinión o evaluación del ser humano es más importante que el propósito de Dios. "El temor del hombre pondrá lazo; mas el que confía en Jehová será exaltado" (Pr. 29:25).

Plan de acción

Cuando un grupo te invita a hablar, es porque ya ha decidido que tú estás "a la altura de la situación". No tienes que ser un gran orador con una amplitud enorme de vocabulario. Simplemente, debes comunicar el mensaje. No tienes que emular a ningún otro orador, solamente, decidir dar lo mejor de ti. Prueba las siguientes estrategias y pronto te darás cuenta de que hablar en público es una experiencia estimulante y satisfactoria.

- Cíñete a los temas por los que sientes pasión o por los que tienes experiencia.

- Investiga los temas a fondo. Conoce los datos, encuentra ejemplos, anécdotas y estadísticas que aporten vida y aplicación práctica a tus ideas. Los buscadores de Internet, como Google, son el sueño de todo orador. Solamente tienes que introducir el tema y aparecen una gran serie de recursos. Recuerda, la confianza tiene sus raíces en el conocimiento. Cuanto más sabes sobre un tema, más seguro te sentirás.

- No te prepares en exceso. Limita tu charla a tres puntos. En realidad, un solo principio o idea principal con una investigación a fondo y con historias o ejemplos será incluso más memorable.

- Establece el propósito del discurso. ¿Quieres informar, inspirar, persuadir? Sea cual sea tu objetivo, la información tiene que presentarse de forma interesante y amena para mantener la atención de la audiencia.

- Inspecciona el lugar donde darás la charla. Si es posible, ponte de pie ante el atril y, con los ojos de la fe, imagínate a ti mismo dando un mensaje poderoso y, además, disfrutando. Observa cómo toda la audiencia se empapa del valor de tus palabras.

- Vestir de forma adecuada y atractiva hace que te sientas más cómodo. Este no es el momento de distraerse con sentimientos de vergüenza.

- Olvídate de posibles confusiones. Lo más probable es que tú sepas más del tema del que estás hablando, que el 90% de la audiencia. Si te equivocas ¿qué tiene de malo? Solamente le estás indicando a la audiencia que eres humano… como ellos. La gente conectará mejor con tu vulnerabilidad que con tu fortaleza. Además, ellos te respaldarán. Quieren que triunfes.

- En lugar de utilizar tarjetas, imprime tus apuntes en folios de papel (utiliza un tamaño de letra de al menos 16 puntos). Perfora las hojas e introdúcelas en una carpeta de tres anillas para evitar que se caigan durante la presentación. Muchos oradores han pasado por la vergüenza de tener que recoger y reorganizar las tarjetas que se les han caído y esparcido por el suelo.

- No seas esclavo de tus apuntes. Después de unos cuantos discursos en los que tienes apuntado cada palabra, empieza a utilizar un bosquejo con los datos clave y ejemplos. Practica para familiarizarte con la información.

- Establece lazos de unión con la audiencia (basándote en la información que tienes sobre ellos) durante los tres primeros minutos de tu discurso, los cuales son los más críticos. La humildad te beneficiará mucho en este aspecto. Intenta hacer una confesión franca (utiliza la discreción), cuenta una historia, haz una pregunta y pide que levanten la mano, haz un cumplido a la audiencia, o utiliza el humor. Cuidado: cuenta un chiste únicamente si es realmente divertido y si eres bueno haciéndolo; comprueba antes con tus amigos si es adecuado.

- Trata de impartir algo de valor a la audiencia, en lugar de intentar impresionarla o sentir ansiedad por cómo ellos te perciben.

- Mantén el contacto visual; concéntrate en las caras amistosas para mantener la confianza.

- No abuses de un tema. Si notas que las personas miran a su alrededor, hacen dibujitos sobre el papel o charlan con el que tienen al lado, termina con ese punto y pasa a otro… o directamente a la conclusión. Varía tu tono de voz regularmente. Programa tus historias para que rompan la monotonía de los datos.

- Durante el discurso, enfréntate a los síntomas de nerviosismo que puedan aparecer. El doctor Paul Witt, profesor de comunicación de la Universidad Cristiana de Texas sugiere lo siguiente:[1]

  - ¿Boca seca? Bebe un poco de agua.

  - ¿Temblor de rodillas? Cambia de lugar el peso y flexiona las rodillas.

  - ¿Temblor de manos? Júntalas.

  - ¿Voz temblorosa? Haz una pausa, toma aire una o dos veces y sonríe. Es impresionante lo que puede hacer una sonrisa.

  - ¿Sudor? Olvídalo, nadie se da cuenta de eso.

- Enfrenta continuamente el temor a hablar en público. Acepta cada ocasión formal o informal de perfeccionar tus habilidades. Piensa en unirte al club local de Toastmasters International (www.toastmasters.org), líder mundial en ayudar a la gente a sentirse más calificado y cómoda frente a una audiencia. Practica. Practica. Practica.

- Si te piden que des un mensaje basado en la Biblia, no confíes solamente en tu intelecto. Mi mentor, ya fallecido, solía advertir: "Prepáralo como si dependiese de ti; pero cuando lo presentes, ten en cuenta que todo depende de Dios". Sí, la preparación es esencial, pero debes aprender a confiar en el Espíritu Santo a la hora de hablar. El apóstol Pablo proclamó: "Ni mi palabra ni mi predicación fue con palabras persuasivas de humana sabiduría, sino con demostración del Espíritu y de poder, para que vuestra fe no esté fundada en la sabiduría de los hombres, sino en el poder de Dios" (1 Co. 2:4-5).

Día 21

Temor a subir de peso

"Porque habéis sido comprados por precio; glorificad, pues, a Dios en vuestro cuerpo y en vuestro espíritu, los cuales son de Dios".

1 Corintios 6:20

El 26 de julio de 1994, la gimnasta estadounidense Christy Henrich murió debido a un fallo multiorgánico. Christy era la número dos de las gimnastas del país y había representado a Estados Unidos en los campeonatos del mundo de 1989, celebrados en Alemania. Ese mismo año, un juez internacional le dijo que estaba gorda (comparada con la nueva tendencia de gimnastas impúberes, quienes eran pequeñas y con un peso por debajo de lo normal) y que debía perder peso. Tomó la crítica muy en serio. Su deseo de perder unos cuantos kilos le llevó a adquirir hábitos de comida insanos y, al final, le condujo a la anorexia nerviosa.

El desorden alimenticio hizo tales estragos en su salud que ya no pudo volver a competir y fue expulsada del gimnasio en 1991. Cuando su peso bajó, alrededor de veintiún kilos, su familia intervino y la obligó a seguir un tratamiento hospitalario. A pesar de los numerosos tratamientos y periodos de recuperación, Christy murió ocho días antes de cumplir los veintidós años. Su corazón, hígado y pulmones dejaron simplemente de funcionar.[2]

Agustina, directora financiera de veintinueve años, procede de una familia de obesos. Ha batallado con su peso desde que iba a la escuela secundaria. Sin embargo, a través del ejercicio y de una dieta constante, ha conseguido mantenerse en un nivel de peso sano. Su novio, Daniel, acaba de pedirle matrimonio, pero Agustina siente temor de casarse con él. Todos los hermanos de Daniel y la mayoría de sus sobrinos son obesos. Desde el punto de vista de Agustina, la familia de él tiene una relación insana con la comida. Esta mujer teme que sus hijos estén condenados a la obesidad.

Al contrario que sus hermanos, Daniel mantiene un peso sano y hace ejercicio regularmente. Sin embargo, a menudo come bocadillos entre horas y le gusta mucho comer fuera. Le encanta compartir cosas ricas con Agustina, y ella ha subido algunos kilos desde que empezó a salir con él hace más de un año. Agustina cree que cualquier cosa que no tenga proteína (carne o pescado), ensalada o fruta perjudica su dieta y la pone en riesgo de aumentar de peso. Su temor a subir de peso la mantiene en un estado de ansiedad que, a menudo, impide que ella y Daniel se diviertan.

Análisis del temor

El temor a subir de peso tiene sus raíces en los temores básicos a *sentirse incapaz*, *perder el control* y el temor a la *soledad*. El temor *extremo* a engordar se manifiesta en dos desórdenes alimenticios: la anorexia nerviosa, en la que la gente se deja morir de hambre, y la bulimia, en la que la gente come en exceso, secretamente, y después se obligan a vomitar, utilizar laxantes, ayunar o hacer ejercicio en forma desmedida. Según las noticias, Christy Henrich sufría ambos desórdenes.

La gente que padece estos problemas tiene una visión distorsionada de sí misma y cree que tiene demasiado peso o parece demasiado gorda, sea cual sea su peso o apariencia real. Los desórdenes alimenticios son comunes entre los que practican deporte o tienen profesiones que exaltan la delgadez (por ejemplo, bailarines, patinadores profesionales, gimnastas, modelos y actores). Por supuesto, los estudiantes universitarios que compiten por tener citas y la gente que procede de familias que admiran mucho la apariencia son también individuos en riesgo.

Aunque no hay una única causa de la anorexia o la bulimia, las investigaciones sugieren que los que la sufren generalmente se ven afectados por uno o más factores como la disposición genética, el desequilibrio químico, los sucesos traumáticos (por ejemplo maltrato sexual, físico o emocional), disfunción familiar y sensibilidad hacia los mensajes que los medios de publicidad muestran sobre el cuerpo ideal. Otras causas pueden ser el temor a sentirse rechazado por la pareja o el intento de enfrentarse a los problemas cuando uno siente que no controla las cosas.

El Instituto Nacional para la Salud Mental estima que el 0,6% de la población de Estados Unidos sufrirá anorexia, el 1% padecerá de bulimia y el 2,8% tendrán trastornos alimenticios compulsivos. La incidencia de los desórdenes alimenticios en el hombre es inferior al 10% de los casos declarados, pero va en aumento.[3]

Hay esperanza. El fenomenal éxito de la campaña de la compañía de cosmética Dove, "Por la belleza real", demuestra que muchas mujeres están haciendo retroceder el énfasis de la industria de la belleza sobre la perfección física. Esta campaña, lanzada en 2004, muestra anuncios publicitarios de la compañía para loción reafirmante que tenían como protagonistas mujeres de diferentes tipos, con tallas entre la grande y la extragrande. Las mujeres parecían haber dejado atrás sus inseguridades, sentirse cómodas en su propia piel y haber abandonado la persecución de cánones inalcanzables de belleza.

A pesar de esto, los investigadores de la Brigham Young University utilizaron la tecnología de la resonancia magnética para observar qué sucedía en el cerebro cuando la gente veía imágenes de mujeres desconocidas con sobrepeso. Hallaron que la imagen activaba un área en el cerebro de las mujeres que procesa la identidad y la imagen que tienen de sí mismas. Los hombres no mostraron ningún signo similar en iguales situaciones. "Estas mujeres no tienen ningún historial que refleje desórdenes alimenticios; además, proyectan la actitud de despreocupación por su imagen", afirmó Mark Allen, un científico en neurología de esta universidad. "No obstante, bajo la superficie existe una ansiedad ante la idea de engordar y la importancia de la imagen corporal".[4]

Plan de acción

El temor a subir de peso es un desorden mental difícil de eliminar. Intenta las siguientes sugerencias para ponerte en camino hacia la curación:

- Recuerda que tu cuerpo no es tuyo: "¿O ignoráis que vuestro cuerpo es templo del Espíritu Santo, el cual está en vosotros, el cual tenéis de Dios, y que no sois vuestros? Porque habéis sido comprados por precio; glorificad, pues, a Dios en vuestro cuerpo y en vuestro espíritu, los cuales son de Dios" (1 Co. 6:19-20). Sitúate mentalmente fuera de ti mismo y comprende que eres un administrador o director del cuerpo que Dios te ha confiado para hacer su voluntad aquí en la Tierra.

- Haz un diario de comidas que determine cuánto comes o *no*. Céntrate en comer alimentos que *bendigan* el cuerpo, como las proteínas, los carbohidratos complejos (fruta, verdura y cereales integrales), las grasas no saturadas, etc. Evita las comidas que *maldigan* el cuerpo, como los carbohidratos refinados (galletas, pasteles dulces o salados), las grasas saturadas y los productos con demasiado sodio.

- Escucha las advertencias y dudas que te planteen tus seres queridos, amigos, o compañeros de trabajo sobre tu peso poco saludable. Compara tu peso con el de las tablas de altura y peso existentes, y comprueba si la variación es significativa.

- Busca ayuda profesional. No intentes vencer este temor tú solo. La mayoría de la gente, que sufre un temor extremado a engordar, no es capaz de ver la devastación física y psicológica a la que están sometiendo a sus cuerpos. Por tanto, debes solicitar o aceptar la ayuda de los demás para formar un "equipo de supervivencia profesional" cualificado, que puede incluir un médico, un nutricionista y un psiquiatra. *Nota para la familia*: Intervengan rápidamente si ven signos de desorden en la alimentación; no esperen a que su ser querido se dé cuenta del problema por sí mismo.

- Evita o minimiza la relación con personas que critican o que odian la gordura; y que, además, juzgan a los que tienen sobrepeso, pues enmascaran sus propias inseguridades y refuerzan la imagen distorsionada que tienes de ti mismo.

- Ten paciencia y no pierdas el rumbo. Es posible que tengas altibajos, pero con compromiso y determinación, estarás en camino hacia la libertad. Afirma diariamente. "Hoy controlaré el cuerpo de Dios para su gloria".

Día 22

Temor a envejecer

"El temor del SEÑOR prolonga la vida,
pero los años del malvado se acortan".
PROVERBIOS 10:27 (NVI)

Anita Bogan murió en 2007 a la avanzada edad de 106 años. Su obituario del 17 de marzo de 2007, en *Los Ángeles Times*, nos brinda la visión de una mujer que disfrutó de la vida:

> Bendecida con buena salud y una mente sana, Bogan pasó la mayor parte de su vejez haciendo lo que quería hacer, con una actitud luchadora del tipo "la edad no importa". En las décadas después de cumplir los ochenta años, creó una fundación sin fines de lucro para edificar hogares para la tercera edad; hizo frecuentes viajes a Las Vegas… abrió una tienda de flores… jugó al golf diariamente… hizo cruceros para celebrar sus cumpleaños… e inspiró a la gente.

El día que cumplió 100 años fue declarado el "Día Anita Bogan" por la Junta de Supervisores del condado de Kern. Simplemente por vivir, Anita cambió la forma de pensar de la gente que la rodeaba sobre la idea de envejecer.

Caleb, el líder israelita de ochenta y cinco años, sobrevivió tras cuarenta años de peregrinación por el desierto. Él y Josué fueron los únicos líderes que quedaron de los doce, a quienes Moisés había enviado a espiar en la tierra prometida (ver Nm. 13—14). Dios había destruido a los otros diez debido a su incredulidad, junto con todos los israelitas de veinte años o más. Caleb llegó a su destino, largamente esperado, lleno de fe y entusiasmo, listo para conquistar su montaña (habitada todavía por los gigantes conocidos como Anakim) y totalmente persuadido de que Dios lo ayudaría.

> *"Todavía estoy tan fuerte como el día que Moisés me envió; cual era mi fuerza entonces, tal es ahora mi fuerza para la guerra, y para salir y para entrar. Dame, pues, ahora este monte, del cual habló Jehová aquel día; porque tú oíste en aquel día que los anaceos están allí, y que hay ciudades grandes y fortificadas. Quizá Jehová estará conmigo, y los echaré, como Jehová ha dicho"* (Jos. 14:11-12).

Anita Bogan y Caleb demuestran que la vejez no tiene que ser la maldición que concibe la creencia popular.

Análisis del temor

La gerontofobia, el temor a envejecer, se origina en los temores básicos al *dolor y a la muerte*, a *la soledad*, a *sentirse incapaz*, a *perder el control*, y para muchos, en el temor a *sufrir carencias*. Con tantos aspectos de la vida que se ponen en riesgo, no es extraño que la vejez sea una fase muy temida.

El envejecimiento de la población de Estados Unidos es un fenómeno ampliamente difundido en los medios. Las personas, con más de sesenta y cinco años, llegaban a más de treinta y nueve millones en 2009 y representaban casi el 13% de la población, más de uno de cada ocho norteamericanos. Para el año 2030, habrá más de setenta y dos millones de personas mayores, que representarán el 19% de la población (casi uno de cada cinco norteamericanos).[5] Esto tiene consecuencias significativas en las instituciones sanitarias, sociales y económicas de la nación. Además, causa ansiedad en aquellos que luchan por aferrarse a la juventud.

Plan de acción

Alguien dijo una vez: "La edad es un tema de importancia. Si no te importa, ¡no es importante!". Pon a prueba las sugerencias siguientes, a fin de cambiar tu perspectiva y comenzar a aceptar la verdad de que envejecer es un don.

- Fortalece la conexión con tu Creador. Lee un pasaje de las Escrituras todos los días y medita sobre la fidelidad de Dios. Intenta conocer a Aquel con quien pasarás toda la eternidad.

- Enfrenta la realidad de envejecer, pues has estado envejeciendo desde que fuiste concebido. De hecho, el día que naciste, ya tenías nueve meses de edad, siempre que tu madre llevara el embarazo a término. Envejeces segundo a segundo. Por tanto, alarmarse es tan inútil como preocuparse de si el sol se pondrá cada día; puesto que este hecho es inevitable e incontrolable. Las personas inteligentes, simplemente, hacen planes para disfrutar de la mañana, del mediodía y de la puesta de sol. Planean aprovechar al máximo cada etapa de su existencia.

- Cuida tu salud. Los estudios demuestran que una buena salud es el factor principal a la hora de determinar el grado de felicidad en la vejez. Come sano y haz ejercicio regularmente. Darse algún capricho, de vez en cuando, forma parte de la vida, así que date permiso para romper alguna vez las reglas. Bebe mucha agua, toma tus vitaminas a diario y realiza chequeos médicos de rutina. Estos esfuerzos no garantizan *más* tiempo en esta Tierra, pero influirán en la *calidad* de tu tiempo en ella.

- Vístete con estilo en cada momento de tu vida hasta donde tu presupuesto lo permita. Cuando luces bien, te sientes bien e inspirado. *Cuidado*: mantén en equilibrio tu deseo de ser atractivo. Piénsalo dos veces y, antes de someterte a una cirugía estética, haz lo que puedas en casa, porque, en algunos casos, pueden resultar francamente peligrosas. "Engañosa es la gracia, y vana la hermosura; la mujer que teme a Jehová, ésa será alabada" (Pr. 31:30).

- Ten siempre una montaña que conquistar, un objetivo que conseguir. No tiene por qué ser algo grande a los ojos del mundo, solamente algo que desees hacer con tus manos y con tu mente. Eleanor Roosevelt dijo una vez: "No podría, a ninguna edad, ser feliz estando sentada junto a la chimenea y, simplemente, mirar". Los proyectos proporcionan propósito y dirección. Mi amiga Esther Eutsey, con más de ochenta años, todavía asiste a todo tipo de clases que van desde la informática hasta la gestión del dinero. Además, trabaja de cuidadora oficial de gente bastante más joven que ella.

- Relaciónate socialmente con gente más joven y mayor que tú, a fin de tener una perspectiva más equilibrada de la vida.

- Mantén tu intelecto vivo, leyendo libros de diferentes géneros y haciendo crucigramas y actividades similares que te hagan pensar.

- Trabaja en un legado de servicio. La madre Teresa de Calcuta solía decir: "El mundo está hambriento de nuestra ayuda y amor". Cosecharás los beneficios del servicio que prestes a otras personas.

- En lugar de obsesionarte con el pasado, busca maneras de crear nuevos recuerdos. De vez en cuando, celebra las fiestas de manera diferente, en lugares distintos, con gente distinta.

- Haz todos los esfuerzos posibles por mantener una buena actitud, es un imán para la gente. Un espíritu negativo o crítico genera rechazo.

- Mantén en orden tus asuntos financieros. Busca una persona de confianza para que ejecute tu testamento o alguien con poder notarial sobre tu voluntad en asuntos financieros y médicos. Si puedes pagarlo, contrata un seguro de cuidados médicos a largo plazo, mucho antes de necesitarlo realmente, a fin de poder permanecer en tu casa o tener acceso a una residencia de ancianos de calidad en tus últimos años. Si temes a la pobreza, busca consejería financiera para determinar qué decisiones importantes debes tomar para tener una buena calidad de vida en tu vejez. Lee el capítulo 30 sobre "Temor a jubilarse en situación de pobreza" para tener más ideas sobre estrategias financieras.

- Medita en porciones de las Escrituras que exalten el tema de envejecer, como el Salmo 92:13-14:

  Plantados en la casa de Jehová, en los atrios de nuestro Dios florecerán. Aun en la vejez fructificarán; estarán vigorosos y verdes.

Día 23

Temor a la impotencia
o a la pérdida de control

"Y ahora, Señor, ¿qué esperaré?
Mi esperanza está en ti".
SALMO 39:7

El doctor de Bárbara acaba de darle la noticia que siempre había temido: tiene un cáncer inoperable.

El hijo rebelde de Margarita, de veintidós años, es adicto a las drogas.

El marido de Susana, que es un maltratador verbal, es bipolar y se niega a buscar ayuda.

Rubén y su esposa, Gabriela, perdieron sus trabajos la misma semana; no tienen ahorros.

Érica, de cincuenta años, que procede de una familia plagada de enfermedades mentales, ha estado escuchando voces, aunque intenta ignorarlas por temor a sufrir una crisis nerviosa.

El reverendo Diego y su familia quedaron atrapados en la autopista, mientras trataban de salir de la ciudad costera en la que vivían antes de que llegase el huracán.

Solamente pudieron avanzar un kilómetro y medio en dos horas.

Job, abrumado por el sufrimiento físico y emocional, exclamó:

> *"pero no tengo fuerzas para seguir, no tengo nada por lo cual vivir… No, estoy desamparado por completo, sin ninguna oportunidad de salir adelante"* (Job 6:11, 13, NTV).

Una vez que Dios intervino en la situación de Job, este hombre justo cambió de actitud.

Estos escenarios, que muestran nuestra incapacidad para controlar las circunstancias de la vida, provocan gran ansiedad. Desafortunadamente, todos experimentaremos algún tipo de impotencia, en un momento dado.

Análisis del temor

El temor a la *impotencia* o *a la pérdida de control* es uno de los cinco temores básicos que forman los cimientos de muchos otros temores analizados en este libro. Ningún estudio o encuesta podría medir la prevalencia de este temor; afecta a todos los niveles sociales y económicos.

Muchos de nosotros luchamos por tener el control. Queremos controlar, no solo nuestras circunstancias, sino también nuestros planes y objetivos, nuestras relaciones, y todo lo que nos concierne. A menudo, tal temor indica un deseo inconsciente de ser independiente de Dios, de ser los dueños de nuestro destino. Suele ser el resultado de crecer en un ambiente caótico, y como resultado, decidimos no repetir esa experiencia en nuestra vida.

Este aspecto es que el provoca mi miedo a perder el control. He observado la impotencia de mi madre debido a su falta de formación o de opciones financieras, aparte del respaldo de mi padre. Por tanto, me propuse que jamás dependería económicamente de nadie, tampoco enamorarme demasiado profundamente; así como, también, evitar las carencias, mediante los seguros de vida, médicos, del automóvil, de incapacidad, etc. Aunque algunas de mis acciones fueron prácticas, mi motivación principal se basaba en un deseo de autosuficiencia. Basta con decir que las circunstancias de la vida y una buena consejería corrigieron mi errada forma de pensar.

Tal vez inocentemente pienses que controlas tu vida, gracias a tus logros académicos, financieros, políticos o de otro tipo. Eso es un mito. Dios te ha permitido que lo lograras. Por tanto, sería conveniente que declares las palabras del apóstol Pablo: "Sin embargo, lo que ahora soy, todo se debe a que Dios derramó su favor especial sobre mí, y no sin resultados. Pues he trabajado mucho más que cualquiera de los otros apóstoles; pero no fui yo sino Dios quien obraba a través de mí por su gracia" (1 Co. 15:10, NTV).

Plan de acción

Si observas que intentas controlar cada aspecto de tu vida, luchando por evitar cualquier inseguridad potencial, prueba las siguientes estrategias para pensar de forma adecuada:

- Comprende que no eres un ser independiente ni autosuficiente. Perteneces a Dios: "Reconozcan que el Señor es Dios; él nos hizo, y somos suyos. Somos su pueblo, ovejas de su prado" (Salmo 100:3, NVI). Pide gracia para dejar que sea el Padre quien guíe tu vida. Tu misión es, únicamente, reconocerle y seguir su dirección.

- Ensaya cómo responder con calma a sucesos inesperados (como por ejemplo, un atasco de tráfico, un apagón eléctrico o un visitante inesperado). Recuerda que Dios nunca se sorprende y tiene un propósito para todo.

- Esfuérzate por mantener un enfoque *interno*, en lugar de *externo*, de cada situación. Una vez que asumas que no puedes controlar lo que sucede fuera de ti, sino solamente tu respuesta interna, dejarás de ponerte nervioso por lo incontrolable o inevitable. Por ejemplo, cuando te encuentres delante de un empleado desagradable, no tomes represalias. Respira hondo (para ralentizar el flujo de adrenalina) y haz una silenciosa oración por él. Después, si puedes hacerlo con calma, llámale la atención con respecto a su actitud.

- Sé espontáneo y trata de no controlar cada detalle de las vacaciones o de otras actividades. Conozco una pareja que se va de vacaciones y compra la ropa cuando llegan a su destino, en lugar de hacer las maletas en casa. ¡Demasiado arriesgado para mí!

- En lugar de temer la impotencia, acéptala como

signo de fortaleza, pues te permite experimentar el poder de Dios: "Bástate mi gracia; porque mi poder se perfecciona en la debilidad" (2 Co. 12:9).

• Apresúrate a expresar tu impotencia ante Dios. El rey Josafat es un gran modelo. Al darse cuenta de que su ejército no era suficiente contra los tres ejércitos enemigos, exclamó: "¡Oh Dios nuestro!… Porque en nosotros no hay fuerza contra tan grande multitud que viene contra nosotros; no sabemos qué hacer, y a ti volvemos nuestros ojos" (2 Cr. 20:12). Esta milagrosa historia termina con los ejércitos invasores destruyéndose entre sí. El ejército de Josafat no tuvo ni que luchar. Los milagros más grandes te sucederán, a menudo, cuando más vulnerable y sin fuerzas te encuentres. Dios ya sabe que separado de Él *nada* puedes hacer (Jn. 15:5).

• Medita sobre las Escrituras que hablan de la soberanía de Dios y de la futilidad de intentar controlar tu vida. Utiliza estas para comenzar:

"Podremos tirar los dados, pero el Señor decide cómo caen" (Pr. 16:33, ntv).

"Puedes hacer todos los planes que quieras, pero el propósito del SEÑOR prevalecerá" (Pr. 19:21, ntv).

"Todos los hombres de la tierra no son nada comparados con él. Él hace lo que quiere entre los ángeles del cielo y entre la gente de la tierra. Nadie puede

detenerlo ni decirle: '¿Por qué haces estas cosas?'"
(DN. 4:35, NTV).

"Me viste antes de que naciera. Cada día de mi vida estaba registrado en tu libro. Cada momento fue diseñado antes de que un solo día pasara" (SAL. 139:16, NTV).

Día 24

Temor a cambiar y a continuar con la vida

"El cambio es ley de vida. Aquellos que sólo miran al pasado o al presente, sin duda, se perderán el futuro".

John F. Kennedy,
trigésimo quinto presidente
de los Estados Unidos

"Deja tu patria y a tus parientes y a la familia de tu padre, y vete a la tierra que yo te mostraré" (Gn. 12:1, NTV). Las instrucciones imprecisas de Dios hacia Abraham, que tenía setenta y cinco años y su esposa, de sesenta y seis, Sara, la cual además era estéril, debieron de haber ocasionado un gran impacto. ¿Por qué pide a estos ancianos que se desarraiguen de su tierra y que se encaminen hacia un destino desconocido? ¡Porque tenía un destino divino para ellos! Él prometió: "Haré de ti una gran nación; te bendeciré y te haré famoso, y serás una bendición para otros" (Gn. 12:2, NTV). Sin indicio de oposición, Abraham aceptó el cambio, confió en Dios y, al final, obtuvo sus recompensas, entre las que se encontraba una numerosa descendencia. No es de extrañar que la historia lo llame "el padre de la fe".

Al igual que la muerte y los impuestos, el cambio es inevitable. La mayoría de la gente se resiste a él. Yo también lo hice cuando Dios me llamó a dejar mi trabajo de directora financiera de una congregación muy importante, a la que yo adoraba y en la que tenía el mejor jefe imaginable. Mi nueva tarea era emprender una carrera, a tiempo completo, como escritora y conferencista. Mi trabajo anterior era bien remunerado; la nueva tarea era una aventura de fe. Podía imaginarme hablando a grupos pequeños, o en iglesias pequeñas, y solamente recibir una cesta de fruta como honorarios. Después de todo, eso ya me había sucedido una vez (es sorprendente cómo podemos permitir que un incidente tiña nuestras expectativas). Aunque ministrar a otros es, sin duda, mi principal motivación, contrapartidas habituales de este tipo provocarían un desastre en el presupuesto mensual. No obstante, vencí mi temor al cambio y di el salto. Hoy día, puedo decir sin ninguna duda que Dios "es poderoso para hacer todas las cosas mucho más abundantemente de lo que pedimos o entendemos" (Ef. 3:20).

Análisis del temor

El temor al cambio tiene sus raíces en varios temores básicos dependiendo de la naturaleza de ese cambio, ya sea temor a *perder el control*, temor a *sufrir carencias*, temor a *sentirse incapaz* y temor a la *soledad*. Como todos los temores, el temor al cambio se centra en el futuro, en lo desconocido. Piensa en esta lista de cambios que puede que estés tratando de evitar:

- Dejar un trabajo poco satisfactorio o mal pagado

- Iniciar un negocio

- Dar por terminado un negocio que no es rentable

- Actualizar tu computadora u otros equipamientos electrónicos

- Abandonar una relación dañina o impía

- Deshacerte de ropa que hace años que no usas

- Abandonar una casa, un auto o un estilo de vida que no te puedes permitir

- Concretar y ajustarte a un plan de gasto responsable

Todo lo anterior son cambios que realizarías voluntariamente. Sin embargo, el pánico puede dominarte cuando el cambio es *inesperado*. Nuestra respuesta a los cambios no esperados pone a prueba nuestra creencia de que "a los que aman a Dios, todas las cosas les ayudan a bien" (Ro. 8:28).

A todos nos gustaría controlar nuestras vidas; desafortunadamente, tener el control es un mito. El ritmo de la vida es, simplemente, demasiado vertiginoso como para manejarlo con nuestras habilidades naturales. Al final, solamente superarás el temor al cambio cuando rindas tu voluntad a Dios, aceptes los cambios que Él permita, y eches sobre Él todas tus ansiedades.

Plan de acción

Los que son capaces de adaptarse a los cambios suelen estar menos estresados y, por lo general, son más felices. Intenta probar estas soluciones para asumir el cambio y continuar con la vida dejando que Dios haga lo que tiene que hacer en tu vida:

- Empieza a cambiar de forma de pensar al realizar, de forma distinta, incluso, las cosas rutinarias (siéntate en un lugar distinto en la iglesia, utiliza una ruta alternativa para ir al trabajo, etc.). Pide a los amigos y a la familia que te señale cuáles son las áreas en las que continuamente demuestras inflexibilidad.

- Cuando te enfrentes a un cambio temido o inesperado, impón tu autoridad sobre el espíritu del temor. Como un creyente renacido, puedes orar abiertamente: *"Padre, te doy las gracias por darme potestad sobre toda fuerza del enemigo (Lc. 10:19). Por tanto, echo sobre ti ahora mis preocupaciones y temores respecto a este cambio. Me rindo a tu plan para mi vida. En el nombre de Jesús. Amén".*

- Medita sobre los beneficios del cambio y compáralos con la incomodidad o los inconvenientes iniciales. Sé honesto contigo mismo sobre cuál es tu verdadero temor respecto al cambio. Cuéntaselo a Dios.

- Mantén una actitud abierta a ideas y procesos nuevos. No converses con personas de pensamiento rígido ni te dejes influenciar por ellos.

- Establece "islas de estabilidad" en tu vida diaria. Alvin Toffler, autor de *El shock del futuro,* aseguró que la gente que vive en tiempos de cambios rápidos necesita lo que él llamaba "islas de estabilidad": cosas que no cambian. Este tipo de actividades te mantienen anclado a lo que es realmente importante. Para mí, esto incluye asistir semanalmente a los cultos de mi iglesia, tener regularmente una noche de salida con mi esposo, visitar a mi madre, celebrar los cumpleaños de mis familiares y amigos más cercanos, hacer una llamada a la semana a mi anciana tía que vive en otro estado y conversar con cualquiera de mis siete hermanos. Te sugiero que también establezcas tus "islas de estabilidad" y te mantengas fiel a ellas.

Día 25

Temor al fracaso

*"El éxito es la habilidad de ir de fracaso
en fracaso, sin perder el entusiasmo".*
Winston Churchill

El siguiente resumen, el cual destaca el periodo de la vida de Abraham Lincoln desde 1831 a 1860, aparece bajo un famoso retrato suyo:

En 1831 fracasó en los negocios. En 1832 fue derrotado en las elecciones para legislador estatal. En 1833 intentó un nuevo negocio. Fracasó. Su prometida falleció en 1835. Tuvo una crisis nerviosa en 1836. En 1843, fue candidato para el Congreso y lo derrotaron. Lo intentó nuevamente en 1848 y fue derrotado otra vez. Intentó llegar al Senado en 1855. Perdió. Al año siguiente, se presentó para Vicepresidente y perdió. En 1859 volvió a presentarse al Senado y perdió nuevamente. En 1860, el hombre que firmaba como A. Lincoln fue elegido decimosexto Presidente de los Estados Unidos. La diferencia entre los más sonados logros en la historia y los más rotundos fracasos se encuentra a menudo simplemente en la voluntad resuelta de perseverar.[6]

He aquí un hombre que se negó a que el temor al fracaso bloqueara su progreso. A lo largo de la historia y, por toda la Biblia, observamos que todos los grandes hombres fracasaron de una u otra manera. ¿Y tú? ¿El recuerdo de fracasos pasados o el pensamiento de los futuros te han impedido montar un negocio, iniciar un estudio bíblico, escribir un libro o realizar algún tipo de estudio?

Análisis del temor

El temor al fracaso tiene sus raíces en el temor básico a *sentirse incapaz*. Este temor se basa en la creencia errónea de que el éxito de nuestros resultados se halla, únicamente, en nuestros esfuerzos y habilidades. Y como somos conscientes de las limitaciones humanas, limitamos nuestros esfuerzos a la zona de comodidad. Esto nos puede llevar a una vida de sueños incumplidos y frustraciones sobre "lo que pudo haber sido".

Mientras me encuentro aquí sentada, me maravilla lo reacia que era a escribir mi primer libro. Aunque solo tenía sesenta y cuatro páginas, se encontraba muy lejos de mi zona de seguridad como contadora pública. Había limitado mis actividades profesionales a la preparación y presentación de declaraciones y análisis financieros. Nunca imaginé que Dios utilizaría una vasija tan inexperta para influir en la vida de los demás. Incluso hoy, recibí un correo electrónico de un consejero de la India, en el que me expresaba su agradecimiento por uno de mis libros; fue muy reconfortante leerlo y me sentí muy agradecida.

Debemos darnos cuenta de que nunca podremos complacer a Dios y ser todo lo que Él quiere que seamos, si vivimos en un ámbito que no requiera utilizar la fe: "Pero sin fe es imposible agradar a Dios" (He. 11:6). He observado que cuanto menos familiarizada está una persona con las promesas de Dios y su obra en los asuntos de hombres y mujeres normales, tal como nos revelan las Escrituras, más propensa es a temer el fracaso. Generalmente, muchos llegan a la conclusión de que algo es imposible, sin detenerse a pensar que Jesús todavía les dice a sus seguidores: "¿No te he dicho que si crees, verás la gloria de Dios?" (Jn. 11:40)

Plan de acción

Medita en las siguientes estrategias para vencer el temor al fracaso y conseguir, así, los resultados que deseas:

- Asegúrate de que lo que deseas refleje tus verdaderas aspiraciones. No hay nada peor que subir por la escalera del éxito y descubrir, cuando llegas arriba, que estaba colocada en el edificio equivocado. En una ocasión, trabajé con un ingeniero espacial que me contó que, después de haberse graduado en la facultad de medicina, se había dado cuenta de que no sentía pasión ninguna por esa profesión. Había malgastado todos esos años para complacer los deseos de sus bienintencionados padres. La falta de pasión en lo que buscas conduce, indudablemente, al fracaso.

- Define el éxito basándote en lo que es más

importante para ti y no en lo que un mundo egoísta y loco por el éxito dice que es. No es éxito ser reconocido y aplaudido públicamente por tus logros, mientras que tu vida familiar está en ruinas. Como autora y oradora, me niego a definir el éxito como un calendario repleto de charlas y apariciones públicas en los medios. En lugar de ello, valoro una vida equilibrada con un matrimonio satisfactorio, un tiempo de calidad (aunque sea programado) con la familia y los amigos, y con el hecho de saber que hago, exactamente, lo que Dios me ha llamado a hacer.

- Interrógate sobre tus dudas. Pregúntate: "¿Qué es lo peor que puede pasar si no triunfo? ¿Mi familia me abandonará? ¿Me castigarán legalmente? Anteriormente, ¿ha sucedido esto *alguna vez*? (y si ha sido así, ¿qué hay de malo?) ¿Es este temor una señal de que no tengo la gente, los procesos o los planes adecuados para triunfar en este momento?". Después, hazte la pregunta realmente importante: "¿Cuáles serán los principales beneficios que obtendré si triunfo?".

- Mantén la actitud de "puedo hacerlo". Afirma con toda seguridad: "Todo lo puedo en Cristo que me fortalece" (Fil. 4:13). No dejes que la familiaridad de este pasaje te haga recitarlo sin pensar. Absorbe realmente las palabras, a fin de que entren en tu espíritu. Cristo te *fortalece* para que tengas éxito por la gloria de Dios. Donde Él guía, proporciona todos los recursos necesarios.

- Decide aprender del fracaso y de los errores. El fracaso no es algo fatal ni define tu identidad. Es, simplemente, el resultado de tus acciones y no la medida de tu valía. Thomas Edison dijo en una ocasión: "No he fracasado. Sólo he encontrado diez mil soluciones que no funcionan".

- Hazlo, aunque sea únicamente por un corto periodo de tiempo. Quizás hayas leído la historia del intento de Pedro de caminar sobre las aguas y hayas concluido que fue un fracaso (ver Mt. 14:22-33). No estoy de acuerdo. Primero, Pedro obtuvo un "sobresaliente" por salir de la barca. Segundo, experimentó la euforia de caminar por el agua, aunque solo durara un momento; ningún otro discípulo puede presumir de ello. Tercero, aprendió una valiosa lección: centrarse en Jesús y no en las circunstancias es esencial para intentar lo imposible. Cuarto, reconoció que su supervivencia dependía solamente de Jesús. Cuando Pedro vio que estaba "comenzando a hundirse, dio voces diciendo: '¡Señor, sálvame!'. Al momento Jesús, extendiendo la mano, asió de él" (Mt. 14:30-31). Pedro no confió en su habilidad como nadador para ponerse a salvo. Cuando lo invoques, Jesús te asirá de la mano y asegurará tu supervivencia cuando te esfuerces en algo.

Parte 4
Temores financieros

Día 26

Temor al éxito

"Tus creencias determinan tus acciones
y tus acciones determinan tus resultados,
pero, primero, debes creer".

MARK VICTOR HANSEN, COAUTOR DE LA SERIE
SOPA DE POLLO PARA EL ALMA

Los investigadores realizaron un experimento, en el cual se introducían varias ranas en recipientes separados de cristal, y se los cubría con una tapa para evitar que se escaparan. Se les daba comida, aire y agua. Al principio, las ranas seguían saltando, tratando de escapar, pero cada vez que lo hacían, se golpeaban la cabeza con la tapa.

Pasados treinta días, los investigadores quitaron las tapas. Aunque las tapas ya no estaban, las ranas no se salían de los tarros, aunque podrían haberlo hecho fácilmente. Durante los treinta días de cautividad, las ranas aprendieron que no podían escapar. Se hicieron la idea de que lo alto del recipiente era lo más alto que podían llegar. Incluso, cuando les quitaron la tapa, su creencia limitadora las mantenía donde estaban.

Este simple experimento demuestra el poder que tiene el sistema de creencias. Muchos de nosotros nos aferramos a creencias limitadoras, aunque ya no sean ciertas y limiten nuestro auténtico potencial.[1]

Muchas mujeres, minorías y otros grupos que comúnmente se hallan en desventaja han aceptado la idea del techo de cristal colectivo (avance limitado debido a la discriminación) y se han establecido en posiciones mediocres, a pesar de los grandes progresos conseguidos por otros en las últimas décadas. No se dan cuenta de que muchas compañías han quitado la tapa del recipiente y buscan, objetivamente, directores con talento para alcanzar los objetivos comunes.

Análisis del temor

Al contrario que el temor al *fracaso*, el temor al éxito se origina en varias creencias limitantes:

- Temor a la ineptitud para mantener el éxito

- Temor a la falta de capacidad para cumplir con las expectativas y responsabilidades que acompañan el éxito

- Temor al rechazo y al aislamiento por parte de aquellos que no se sienten felices con tu éxito

- Temor a perder el control de la vida privada y normal

- Temor a decir "no" a los amigos y a la familia que parece sentirse con derecho a compartir tus recursos

Además, algunas personas temen al éxito porque tienen la creencia errónea de que no se merecen la abundancia o cualquier cosa más allá de lo común. Cualquiera que sea la raíz del problema, parece extraño que haya personas que tengan temor al éxito puesto que la gente exitosa suelen viajar, conducir autos caros, cenar en buenos restaurantes, tener trato de preferencia en casi todas las ocasiones de la vida, hacer caridad y obtener todos los símbolos externos de la "felicidad".

El temor al éxito se caracteriza por los comportamientos saboteadores, tales como la postergación, el bajo rendimiento, fingir que no sabes algo a fin de evitar el rechazo, dejarte distraer por muchas cosas insignificantes y no centrarte en la idea principal; así como también, hablar de lo que planeas hacer "algún día". Algunas de estas cosas se hacen de forma subconsciente.

Plan de acción

Si estás listo para vencer el temor al éxito y ser una bendición para los demás, aquí van algunas estrategias:

- Piensa si tienes temor al éxito, a la luz de lo que hemos comentado anteriormente.

- Determina la fuente de cualquier creencia errónea que te haya hecho creer que no vales lo suficiente, como por ejemplo, el rechazo de tus seres queridos, la comparación con otros, las imágenes de los medios de comunicación. La percepción de tu valor será un aspecto importantísimo para determinar cuánto te *permites* lograr en la vida.

- Admite si te saboteas a ti mismo y comprométete a dejar de hacerlo. Esto implica abandonar la postergación y darte tiempo suficiente para realizar tareas importantes que te sirvan de impulso para conseguir el éxito. Además, significa preservar el éxito, que ya está en marcha y no hacer cosas que puedan sabotearlo (por ejemplo, acumular los ahorros para tu pequeño negocio y después gastar el dinero en ropa en lugar de hacerlo en *marketing* y publicidad). También, incluye tener los oportunos contactos con gente clave que puede influir significativamente en tu éxito.

Yo solía comportarme de una manera horrible en esta área. Era capaz de conocer al "presidente del mundo" y no volver a retomar el contacto con él, aunque me hubiera dado su información de contacto personal y me hubiera pedido que lo hiciera. Pensaba: *¿Quién soy yo para hacer tal cosa? ¿A dónde puede llevar esto?* No me sentía merecedora de ese favor… hasta que entendí la verdad de Proverbios 22:29:

¿Has visto hombre solícito en su trabajo? Delante de los reyes estará; no estará delante de los de baja condición.

Ahora sé que Dios es quien nos pone ante la gente de gran influencia.

- Intenta asociarte con personas que cumplen con sus objetivos, que terminan lo que comienzan y que demuestran cuáles son las prioridades necesarias para hacerlo. Fíjate en cómo actúan y emula ese aspecto de su comportamiento que honra a Dios.

- Piensa en el bien que puedes hacer como persona de éxito. Piensa en las acciones altruistas que realizarías, o las obras de caridad, ministerios y causas que podrías respaldar ahora mismo, si tuvieras más de lo que necesitas.

- Entiende que el éxito es idea de Dios y Él nos lo da para su propósito (Dt. 8:18) y su gloria: "Sea exaltado Jehová, que ama la paz de su siervo" (Sal. 35:27).

Día 27

Temor a sufrir carencias

"El Señor es mi pastor;
nada me faltará".

Salmo 23:1

Durante una entrevista televisiva a una popular estrella de Hollywood, le preguntaron cómo se sentía, al disponer de tanto dinero, después de haber crecido en la pobreza. Él confesó que todavía sentía mucha ansiedad ante el hecho de sufrir carencias en el futuro. Así que solía ser austero, veía el dinero como algo irreal y no era capaz de relajarse ni aceptar plenamente la riqueza que tenía gracias al éxito. Sin embargo, su esposa había aportado equilibrio a la relación, pues tenía la actitud de dar, gastar y ahorrar. La generosidad de esta pareja es bien conocida.

A riesgo de parecer demasiado segura de mí misma, estoy totalmente persuadida de que jamás experimentaré carencias, mientras el Señor sea mi Pastor. Creo de todo corazón que me he asegurado contra las carencias, al permanecer firme en las promesas de Dios y al obedecer órdenes específicas, tales como: "Den, y recibirán. Lo que den a otros les será devuelto por completo: apretado, sacudido para que haya lugar para más, desbordante y derramado sobre el regazo. La cantidad que den determinará la cantidad que recibirán a cambio" (Lc. 6:38, NTV).

Vivo según esta promesa. Y, aunque he diezmado desde 1968, mi convicción en la fidelidad de Dios sobre mis finanzas ha sido puesta a prueba muchas veces a lo largo de los años. Sin embargo, cada vez que he estado al borde de sufrir carencias, mi Pastor apareció para proporcionarme ayuda. En una oportunidad, cerró la filial de una gran compañía en la cual yo trabajaba. Yo no tenía expectativas de trabajo, pero mi Pastor hizo el suyo. Otra gran compañía me llamó y me ofreció un trabajo con un 20% de aumento, además de crear el puesto específicamente para mí, después de que yo entrara en la compañía.

En otra ocasión, hace muchos años, Darnell y yo deseábamos comprar la casa de nuestros sueños, pero necesitábamos dar un anticipo en el plazo de cinco días, tiempo insuficiente para cerrar la venta de nuestra casa y utilizar el dinero para el pago. La cantidad necesaria era diez veces mayor que el dinero que teníamos en efectivo en nuestras cuentas. Pero Dios hizo que mi jefe me concediera un adelanto temporal, libre de intereses, en el plazo de cuarenta y ocho horas. Tengo muchos ejemplos de fe como estos, suficientes como para estar convencida de que mi Pastor "es poderoso para hacer todas las cosas mucho más abundantemente de lo que pedimos o entendemos" (Ef. 3:20).

Análisis del temor

El temor a sufrir carencias es un temor básico que trae consigo muchos otros temores, tales como el temor a sufrir una discapacidad, el temor a envejecer, el temor a invertir y el temor a jubilarse en situación de pobreza. La carencia significa que no tenemos o que tenemos menos de lo necesario. La expectativa de no tener suficiente puede producir ansiedad en los no creyentes y, a menudo, también en los creyentes.

Estoy convencida de que el temor a sufrir carencias es una de las causas de la avaricia. Algunos se obsesionan tanto con la idea de no poseer lo suficiente que se extralimitan. He conocido gente, nacida en ambientes pobres, que dedican todo su tiempo a tratar de ganar suficiente dinero para que ni ellos, ni sus hijos, experimenten la incomodidad, la inconveniencia y la angustia de sufrir carencias. Como todos los temores, este temor se basa en una creencia errónea sobre Dios y su habilidad o voluntad para manejar la situación.

Plan de acción

Nuestro Pastor nunca pretendió que asumiéramos la responsabilidad final por nuestras vidas, ni que viviéramos como si su promesa no tuviera efecto alguno. Una buena estrategia es *aprender* las promesas, *entender* las que son condicionales, *cumplir* la condición, y *descansar* en su amor y fidelidad. Esto no significa que nos sentemos ociosamente a esperar que Dios haga lo que nosotros mismos podemos hacer. Debemos hacer las cosas naturales y confiar en que Él haga las *sobre*naturales. Prueba (o continúa con) estas estrategias prácticas:

- Paga tus diezmos: el 10% de tus "frutos" (ingresos y regalos en dinero). No cuestiones si es un mandato del Antiguo Testamento o una exigencia del Nuevo. En lo que a mí respecta, antes de saber que me he quedado corta ante las expectativas de Dios, prefiero dar más de lo que se me pide.

- Comprométete a llevar un plan constante de ahorros. Trata de que sea al menos el 5% de tus ingresos.

- Piensa en las áreas de carencia que más temes sufrir como por ejemplo vivienda o comida. ¿Cuál de ellas erróneamente crees que Dios no es capaz de proporcionarte? Ahora, desecha esas ideas y reemplázalas con esta promesa: "Y Dios proveerá con generosidad todo lo que necesiten. Entonces siempre tendrán todo lo necesario y habrá bastante de sobra que compartir con otro" (2 Co. 9:8, NTV).

- Niégate a poner tu fe en tus credenciales, tus habilidades comerciales o los contactos influyentes a la hora de conseguir seguridad financiera.

- Además del diezmo, ayuda económicamente a aquellos que lo necesiten. Al hacerlo, estás creando un valioso activo: un pagaré de Dios. "A Jehová presta el que da al pobre, y el bien que ha hecho" (Pr. 19:17).

Día 28

Temor a perder el trabajo

"El prudente se anticipa al peligro y toma precauciones.
El simplón avanza a ciegas y sufre las consecuencias".

PROVERBIOS 22:3, NTV

Jimena ha oído rumores sobre recortes e intuye que posiblemente pierda el trabajo. Durante las últimas semanas, todos en la compañía han hecho largas jornadas laborales, mientras que ella se ha visto relegada a realizar tareas de menor importancia. Incluso, cuando pidió trabajar en un determinado proyecto, su jefe la ignoró. Jimena está muy preocupada porque es madre soltera y vive con lo justo. Además, su hijo de tres años es enfermizo y necesita constantes cuidados médicos. Sin la cobertura médica de la compañía, no podrá recibir los cuidados adecuados.

El intento de Jimena por equilibrar sus finanzas con su realidad económica actual la está afectando física y emocionalmente. Duerme muy poco, porque por las noches, se dedica al desarrollo de páginas web como trabajo adicional. Su clientela va creciendo poco a poco. La fatiga le hace estar un poco malhumorada con sus compañeros de trabajo. Además, se toma más días por enfermedad que el resto de los empleados. Todas las mañanas va a trabajar preocupada, pues se pregunta: ¿Será hoy el día en que me despidan?

Lo cierto es que Jimena detesta su trabajo. Su supervisor es odioso e inepto. Además, ella no tiene ningún interés real ni pasión por los dispositivos que la compañía produce. En estos dos últimos años, ha soñado con dedicarse a tiempo completo al desarrollo de páginas web; sin embargo, la mayoría de sus clientes provienen de sus amistades y ella ofrece sus servicios a precios muy bajos. Así que por ahora, ha optado por quedarse con la falsa seguridad de un sueldo ordinario.

Análisis del temor

El temor a perder el trabajo es común, especialmente durante las épocas de incertidumbre económica. La Oficina de Estadística Laboral de los Estados Unidos afirma que, desde diciembre de 2007 a diciembre de 2010, se han perdido más de ocho millones de puestos de trabajo y que la tasa de desempleo entre la población activa ronda el casi el 10% (aproximadamente, quince millones de trabajadores). Con estadísticas de este tipo, es fácil entender por qué tanta gente vive con temor a quedarse sin empleo.

El temor a perder un trabajo tiene su origen en los temores básicos a *sufrir carencias* ("¿cómo voy a hacer frente a mis obligaciones?"), a *sentirnos incapaces* ("no soy lo suficientemente bueno"), a la *impotencia o a la pérdida de control* ("¿y qué hago ahora?"), y a la *soledad* ("me quedaré aislado de mis vínculos sociales"). Para algunos, la vergüenza y la humillación de perder un trabajo son tan devastadoras como la pérdida de los ingresos.

El hecho de sentir temor a ser despedido puede convertirse en una profecía autocumplida, porque la ansiedad que produce este temor te lleva a ser más ineficaz en tu trabajo.

Plan de acción

Si vives con temor al desempleo, es hora de que dejes de preocuparte y empieces a elaborar una estrategia que mejore tu posición en el trabajo, o te asegure una caída suave en caso de que te echen. Intenta lo siguiente:

- Esfuérzate por ser lo más indispensable posible. Busca la excelencia en el trabajo a la vez que aprendes todo lo posible sobre los procedimientos y procesos que van más allá de tu área de responsabilidad. Ten la disposición a ayudar a otros, pero no a expensas de tu propia eficacia. Busca el equilibrio en este aspecto.

- Si el temor a perder el trabajo se debe a choques de personalidad con tu jefe, decídete a asumir el principio bíblico de autoridad y sumisión. La responsabilidad es de la persona que está a cargo, sea hombre o mujer. Por lo tanto, sométete y di que sí a cualquier cosa que se te pida, siempre que no sea inmoral o ilegal. Sé inteligente y confirma las instrucciones con tu jefe con un memorando de seguimiento en el que se incluyan tus ideas sobre los posibles resultados. Vigila el tono con el que comunicas, para que no parezca que intentas cubrirte las espaldas; no es necesario enviar copia de la correspondencia a los superiores por el momento. Llevarte bien con el jefe es muy importante, así que haz de ello tu proyecto especial.

- Evalúa tu posición en el mercado. ¿Estás en un campo de fuerte demanda de tus habilidades, o necesitas hacer algún curso corto para ponerte al día? Ten la disposición a invertir tiempo en hacer lo que sea necesario.

- Aumenta tu visibilidad dentro de la industria. Establece contactos y vínculos con gente fuera de tu compañía, al asistir a reuniones de la industria local, siempre que sea posible. Dios te rodeará de su favor si lo cree conveniente: "Porque tú, oh Jehová, bendecirás al justo; como con un escudo lo rodearás de tu favor" (Sal. 5:12).

- Recorta al mínimo tus gastos personales. Tal vez sea necesario que consideres un modo de transporte más barato, llevarte la comida al trabajo y utilizar otras medidas de ahorro.

- Ten una reserva de dinero lo más grande posible (de tres a seis meses de gastos). Recuerda que tu fe no se encuentra en esa reserva de dinero; simplemente, estás previendo el daño y tomando precauciones. Saber que has sido responsable en asuntos financieros aliviará un poco tu ansiedad.

- Mantén una perspectiva divina en tu trabajo. Recuerda que no es tu *fuente*, sino el *canal escogido* por Dios para aprovisionarte en una *determinada temporada*. Lee la historia de Elías, el profeta, y cómo Dios milagrosamente le proporcionó comida y bebida mediante un arroyo, cuervos y una viuda pobre con un hijo (1 R. 17).

- Deshazte del estigma de ser despedido. ¿Por qué pensar que la gente cree que fue culpa tuya o que, de alguna manera, ahora eres inferior? Normalmente, la gente responderá a tu situación de la misma manera que tú lo hagas. Tu entusiasmo por el siguiente paso a dar les resultará inspirador, aunque es posible que todavía no sepas cuál es. Cuando sirves a Dios, hay un buen propósito asociado con todo lo que te sucede (Ro. 8:28). Para muchos, ser despedido fue el impulso inicial que necesitaban para entrar en el mundo empresarial.

- Recuerda dos verdades eternas: tu destino está en manos de Dios y Él "suplirá todo lo que os falta conforme a sus riquezas en gloria en Cristo Jesús" (Fil. 4:19). Así que ¡renuncia al espíritu del temor!

Día 29

Temor a invertir o
a perder dinero

*"La causa principal de los problemas financieros
del mundo es el temor a perder dinero".*

Robert Kiyosaki

La propuesta del promotor de inversiones parecía demasiado buena para ser verdad, pero un par de celebridades importantes ya habían invertido en la compañía, y su presencia en la reunión añadía credibilidad. Por supuesto, parecía un poco descabellada la idea del 10% de beneficios *mensuales* garantizados (¡120% anuales!), pero había gente entre el público que ya había conseguido esos beneficios y tenían copias de sus cheques cobrados que probaban la veracidad de ello. Además, el señor X, presidente de la compañía, prometía la devolución total a todo inversor que quisiera que le devolvieran su inversión a final de mes. Pero los grandes beneficios sólo eran para aquellos que dejaran su dinero en la compañía.

Así que, con muy poca cautela, Darnell y yo, dos profesionales experimentados de la inversión, nos lanzamos. Tal vez debería decir nos "tiramos". Realmente recogimos los beneficios prometidos en los dos primeros meses. Sin embargo, al tercer mes, todo el esquema se desmoronó, ya que la compañía fue incapaz de reclutar suficientes inversores para poder mantener los pagos prometidos. Únicamente los inversores iniciales recuperaron el 100% de sus fondos, ya que habían conseguido importantes ganancias durante un periodo largo de tiempo. El señor X y alguno de sus seguidores fueron enviados a prisión, y nosotros aprendimos una lección muy antigua sobre invertir y gastar: "Si parece demasiado bueno para ser verdad, probablemente lo sea". Nuestro objetivo, simplemente, consistía en maximizar los beneficios de nuestro dinero, en lugar de dejarlo estancado en el banco, a intereses muy bajos o nulos.

Estoy segura que cuando la gente con fobia a la inversión escucha este tipo de historias, reafirman incluso más su idea de invertir en asuntos con pocos beneficios y evitar todas las transacciones que impliquen riesgos.

Curiosamente, Jesús aprobó la idea de maximizar los beneficios de nuestras inversiones. En Mateo 25:14-29, relata una parábola sobre un hombre que confió tres sumas diferentes de dinero (talentos) a tres de sus sirvientes para que las invirtieran en su nombre, mientras él partía en un viaje de larga duración. Cuando regresó, pidió las novedades de las inversiones realizadas. Los dos hombres, a los que había dado cinco y dos talentos, habían doblado la inversión. Sin embargo, el sirviente al que solamente había dado un talento tuvo tanto temor, que simplemente lo enterró para no perderlo. El amo se puso furioso con él por haberse comportado tan tontamente y haber perdido la oportunidad de conseguir beneficios. Le llamó "malo y negligente" (v. 26).

El amo sabía lo que no sabe la gente que teme perder dinero: cuando el dinero se queda parado durante demasiado tiempo en momentos de inflación, pierde su poder adquisitivo. Lo ideal es que los fondos inactivos produzcan beneficios superiores a la tasa de inflación. Si la inflación es del 3%, pero el tipo de interés de tus ahorros es del 0,5%, estás perdiendo un 2,5% de poder adquisitivo (sin tener en cuenta los impuestos sobre ingresos). Por tanto, el temor a invertir en algo con un poco más de riesgo, pero con grandes beneficios puede causar la pérdida que tanto temes.

Análisis del temor

El temor a perder dinero tiene sus raíces en los temores básicos a *sufrir carencias, perder el control* y *sentirse incapaz*. Como contadora pública, me sentí incapaz y avergonzada cuando nuestras inversiones se hundieron. Más aún, había trabajado durante años como capitalista de riesgo y había llevado a cabo muchas revisiones de diligencia debida. Sencillamente, estábamos demasiado ocupados y distraídos con otras prioridades. Me enojaba y me sentía impotente cuando escuchaba nuevos informes sobre la compañía fraudulenta, sus fundadores y su destino.

Algunos científicos aseguran que nuestro temor a perder dinero, posiblemente, esté conectado a nuestro cerebro. Los investigadores del Instituto de Tecnología de California estudiaron un fenómeno conocido como "aversión a la pérdida" en dos pacientes con lesiones en la amígdala, una región dentro del cerebro relacionada con las emociones y la toma de decisiones. "Una amígdala completamente funcional parece volvernos más cautos", explica Ralph Adolphs, profesor de psicología y neurociencia. "Ya sabemos que la amígdala está implicada en el procesamiento del temor y, también, parece hacernos 'sentir temor' a la hora de arriesgarnos a perder dinero".[2]

Plan de acción

Como he dicho a lo largo de este libro, tememos lo que no entendemos. Vencer tu temor a invertir puede ser un proceso sencillo, aunque no fácil:

- *Infórmate.* Antes de empezar a invertir fuera de tu zona de comodidad, es necesario que aprendas el lenguaje y los matices de la bolsa, el sector inmobiliario, los fondos de inversión y otras transacciones. En Internet hay una gran cantidad de información a tu disposición. Obviamente, necesitas aprender a utilizar la computadora para navegar por las distintas páginas web sobre finanzas, tales como la Asociación de Inversores y Emprendedores de Internet] (www.aiei.es), y otras páginas sencillas diseñadas para mejorar tus conocimientos en el ámbito de la inversión.

  Además, numerosas organizaciones sin fines de lucro ofrecen clases básicas sobre inversión. Sí, las cuentas de ahorro, los certificados de depósito y las cuentas de mercado monetario son maneras estupendas de proteger tu dinero, mientras ganas módicos intereses. Sin embargo, a fin de conseguir beneficios más altos para tus inversiones, tienes que arriesgarte, y cuanto mayor sea el riesgo, mayor será la recompensa potencial.

- *Asesórate.* Una vez que tengas los conocimientos básicos sobre el lenguaje y la forma de invertir de forma inteligente, es hora de que te asesores para una situación específica. Un contador público certificado, un asesor financiero, u otro experto en finanzas te pueden ayudar a elaborar un plan de inversión ajustado a tus objetivos y tu edad. Habla con amigos y familiares que hayan realizado inversiones; aprende de sus experiencias. "Donde no hay dirección sabia, caerá el pueblo; mas en la multitud de consejeros hay seguridad." (Pr. 11:14).

  Ten cuidado de aquellos expertos que ganen comisión sobre las inversiones que te recomiendan; es mejor pagar, simplemente, por sus servicios. Lo que es más importante, busca la asesoría del Espíritu Santo. Si tras haber orado todavía sientes alguna aprensión sobre la inversión que se te recomienda, no te apresures a llevarla a cabo. Es *tu* dinero que gestionas para la gloria de Dios.

- *Muévete.* El tiempo es oro. Te arruinarás al tratar de ahorrar para cosas importantes, como la educación de tus hijos o tu jubilación, si no sacas provecho de los altos beneficios que te ofrecen la

bolsa u otras inversiones, sobre un tiempo determinado. Ahora bien, antes de dejar tus fondos
en manos de alguien que te los gestione, revisa
la lista de control de la Securities and Exchange
Commission [Comisión de Bolsa y Valores]
(www.sec.gov/investor/espanol.shtml) para con-
sultar el resumen de cosas que debes buscar, las
preguntas que debes hacer y los criterios a seguir
para elegir un asesor.

Día 30

Temor a jubilarse en situación de pobreza

"Aun en la vejez, cuando ya peinen canas,
yo seré el mismo, yo los sostendré".

Isaías 46:4, nvi

Ana, de cincuenta y ocho años, había soñado con retirarse a los sesenta y dos. Sin embargo, la compañía donde trabajaba por más quince años hizo recortes de personal hace más de dos años, obligándola a aceptar un puesto con un sueldo menor, si no quería quedarse sin empleo. Inmediatamente, refinanció su casa para ajustarse a la nueva realidad económica.

Igual que tres de cada cinco personas nacidas en el *baby boom* (designa a la generación surgida después de la Segunda Guerra Mundial; un periodo entre 1946 y 1964), Ana no está preparada financieramente para retirarse. Sus años dorados se presentan grises; su temor a retirarse crece velozmente. Ana ha llegado a la conclusión de que dependerá de la Seguridad Social, en gran parte, para sus ingresos después de la jubilación. Desafortunadamente, el sistema de Seguridad Social de Estados Unidos está en peor situación que la gente que necesita beneficiarse de este organismo. Un informe de la Seguridad Social y del Consejo de Administración de Medicare de 2009 pronosticó que los fondos de la Seguridad Social estarían agotados para el año 2037, si no se realizan las reformas necesarias.[3]

Gracias a Dios, Él, y no el gobierno, es la fuente de provisión de sus hijos. Como alguien dijo una vez: "El plan de retiro de Dios no es de este mundo".

Análisis del temor

El temor a jubilarse en situación de pobreza es un temor racional, especialmente, en tiempos de incertidumbre económica. Tiene sus raíces en el temor a *sufrir carencias*, a *sentirse incapaz*, a *perder el control* y a la *soledad*. La perspectiva de retirarse pobre (o de vivir más años de los que sus ahorros e inversiones permitan), tras años de duro trabajo, puede hacernos sentir vulnerable. Después de todo, el trabajo, en sí mismo, es una parte significativa de la identidad de mucha gente, especialmente de los hombres, que suelen evaluar su valía según su valor neto. Más aún, a mucha gente le persiguen visiones de verse durmiendo en la calle, de hogares de escasa calidad para ancianos, y de otras formas dramáticas de pobreza e impotencia. Pero existe la esperanza.

Plan de acción

Tu estrategia para superar el temor a jubilarte depende de la edad en la que tengas que retirarte. Generalmente, lo mejor es que hagas estas cosas ahora:

- Busca un asesor financiero que te aconseje sobre cuál es tu situación actual y el nivel de ingresos y gastos que, posiblemente, tendrás durante tu jubilación. Te ayudará a hacer un plan personal de ahorros e inversiones ajustado a tus objetivos financieros. También estimará, incluso, el número de años que se supone que vivirás retirado. (¡Relájate! Solamente Dios conoce esa información). Cuanto antes sepas qué acciones tomar, menos confusión y ansiedad experimentarás.

- Vincúlate con una buena congregación y sé fiel al grupo (así como también a los grupos sociales y de la comunidad), que puedan conocerte en profundidad, como también a tus objetivos para el retiro.

- Protege y cuida tu relación con tu futuro sistema de apoyo (hijos, hijas, sus parejas, sobrinos, sobrinas, nietos). No es momento de ser malhumorado, muy dogmático o una persona molesta. Conviértete en el tipo de persona que la gente quiera abrazar… y apoyar. No, esto no significa que debas dejar de ser quien eres, es más bien un llamamiento a ser flexible, comprensivo, a no juzgar a los demás y a ser cordial con ellos.

- Intensifica tus esfuerzos para estar física y mentalmente en forma para poder trabajar bien en tus años de retiro, si tuvieras necesidad de hacerlo.

- Planea hacer buen uso de tu experiencia y

habilidades para realizar trabajos de voluntariado. Esto no solo será gratificante emocionalmente, sino que también incrementará tu red social de relaciones mutuamente beneficiosas. Tienes que comprender también que las Escrituras no apoyan el ideal americano de un retiro despreocupado y centrado únicamente en uno mismo. De hecho, la Biblia habla muy poco de la etapa de la jubilación. Incluso, cuando Dios estableció la edad de jubilación de los sacerdotes del tabernáculo en cincuenta años, fue muy claro sobre cuáles eran sus responsabilidades después de retirarse: "Se jubilarán a los cincuenta años. Después de su jubilación podrán ayudar a sus compañeros levitas como guardias en el tabernáculo, pero no podrán oficiar en las ceremonias. Así es como asignarás los deberes a los levitas" (Nm. 8:25-26, NTV).

Bueno, amigo mío, ¿por qué debería Dios tenerte por aquí para que disfrutes solamente de tus deseos egoístas? Pídele una revelación de su visión para tu retiro.

- Si la jubilación está cerca, piensa incluso ahora en hacer de tus aficiones una ocupación a tiempo parcial. Al menos, investiga qué cosas hay que hacer para empezar inmediatamente cuando te jubiles.

- Si posees una casa en propiedad de valor considerable, investiga qué beneficios te aportaría una hipoteca revertida. Este programa, con apoyo gubernamental, solamente está disponible para aquellos que tengan, como mínimo, sesenta y dos años. Te puede proporcionar un flujo de efectivo que tal vez sea útil y no exige pagos mensuales o ingresos determinados. Visita www.hud.gov/ offices/hsg/sfh/hecm/hecmabou.cfm o haz contacto con los prestamistas locales para conocer mejor los detalles.

- Planta ahora semillas de generosidad, para llegar, de manera tangible, a individuos ya jubilados. Recogerás lo que siembres. (Doy por sentado que estas tomando medidas contra la carencia, al obedecer a Dios respecto al diezmo y ofrendas.

- .Cuando sientas tentaciones de temer al futuro, medita sobre Mateo 6:31-34 (NTV):

   "Así que no se preocupen por todo eso diciendo: "¿Qué comeremos?, ¿qué beberemos?, ¿qué ropa nos pondremos?". Esas cosas dominan el pensamiento de los incrédulos, pero su Padre celestial ya conoce todas sus necesidades. Busquen el reino de Dios por encima de todo lo demás y lleven una vida justa, y él les dará todo lo que necesiten.

   "Así que no se preocupen por el mañana, porque el día de mañana traerá sus propias preocupaciones. Los problemas del día de hoy son suficientes por hoy".

Epílogo

Neutraliza tu temor...
Pon en marcha tu vida

La primera mujer en ganar un Premio Nobel fue la física y química francesa Madame Marie Curie. En una ocasión, ella afirmó: "No hay que temer nada en la vida, solamente hay que entenderla". Oro para que los breves análisis y retos prácticos sobre los treinta temores comunes que he presentado en este libro te hayan ayudado a entenderlos mejor, te hayan dado esperanza y te hayan inspirado para pasar del temor a la paz mediante el poderoso recurso de tu fe.

Existen más de dos mil fobias en el mundo actual y la lista crece; por tanto, posiblemente no hayamos llegado a tratar tu fobia en particular. Pero ten la seguridad de que cualquiera que sea tu ansiedad, temor o fobia, el poder de Dios que hay dentro de ti es más fuerte que cualquiera de las cosas que temes.

A lo largo de este libro, he intentado presentarte estrategias que puedes emplear para vencer tus temores. Las siguientes recomendaciones resumen lo que puedes empezar a hacer hoy mismo para iniciarte en el camino hacia la paz:

- Infórmate sobre aquello que temes; quítale todo el misterio y toda la información errónea.

- Pon el temor en una perspectiva divina: "He aquí que yo soy Jehová, Dios de toda carne; ¿habrá algo que sea difícil para mí?" (Jer. 32:27). Aunque creas que Dios lo puede hacer todo, debes reconocer las creencias limitadoras que albergas en tu interior sobre su *voluntad* de hacerlo por *ti*.

- Relájate. Imagínate calmado y libre de las ataduras del temor. Considera el impacto positivo que tendrá en tu vida, una vez que seas libre.

- Enfréntate a cada situación que desencadena tus temores con pequeños pasos. Cada obstáculo que superas te fortalece para afrontar el siguiente. Horatio Palmer, en el antiguo himno "Tentado, no cedas" lo expresó muy bien: "Más fácil seráte luchando triunfar".

Al hacer estas recomendaciones, no sugiero que jamás tendrás que buscar ayuda externa. Si tu ansiedad ha progresado hasta convertirse en una fobia y evitas las situaciones que la desencadenan, es hora de buscar ayuda. El sabio consejo de psiquiatras, psicólogos cristianos, así como de otros profesionales hábiles, es inestimable. Además, tu médico puede recomendarte fármacos para suprimir los temores. Aunque no los curan, pueden ayudarte a ver las cosas con más claridad y a tratar la raíz que los causa, como también a poner en práctica los cambios de comportamiento necesarios para superarlos.

Comprométete ahora mismo a vencer los temores que hayan hecho estragos en tu paz mental.

Querido amigo, Jesús ya te ha proporcionado paz: "La paz os dejo, mi paz os doy; yo no os la doy como el mundo la da. No se turbe vuestro corazón, ni tenga miedo" (Jn. 14:27). Que Jesús diga "no se turbe... ni tenga miedo" indica que la elección es *nuestra* y que está en nuestro poder. Debes tomar las medidas preventivas a la hora de armarte con las promesas de Dios y enfrentar tus temores.

En el Apéndice 1 encontrarás una breve colección de citas de las Escrituras sobre la lucha contra el temor que te ayudarán a fortalecer tu fe. El Apéndice 2 es un modelo de cómo orar por las promesas y hacer declaraciones de fe que traigan paz al corazón. Puedes renunciar a los temores que no te permitan ser libre. Puedes dejar que "la paz de Dios gobierne en vuestros corazones" (Col. 3:15).

Apéndice 1

Textos bíblicos para luchar contra el temor

"Anímate y esfuérzate, y manos a la obra; no temas, ni desmayes, porque Jehová Dios, mi Dios, estará contigo; él no te dejará ni te desamparará."
1 Crónicas 28:20

"Jehová, roca mía y castillo mío, y mi libertador; Dios mío, fortaleza mía, en él confiaré; Mi escudo, y la fuerza de mi salvación, mi alto refugio".
Salmo 18:2

"Aunque ande en valle de sombra de muerte, No temeré mal alguno, porque tú estarás conmigo; Tu vara y tu cayado me infundirán aliento".
Salmo 23:4

"En el día que temo, Yo en ti confío".
Salmo 56:3

"En Dios he confiado; no temeré;
¿Qué puede hacerme el hombre?"

SALMO 56:11

"Por lo cual no resbalará jamás;
En memoria eterna será el justo.
No tendrá temor de malas noticias;
Su corazón está firme, confiado en Jehová.
Asegurado está su corazón; no temerá,
Hasta que vea en sus enemigos su deseo".

SALMO 112:6-8

"No tendrás temor de pavor repentino,
Ni de la ruina de los impíos cuando viniere,
Porque Jehová será tu confianza,
Y él preservará tu pie de quedar preso".

PROVERBIOS 3:25-26

"He aquí Dios es salvación mía;
me aseguraré y no temeré;
porque mi fortaleza y mi canción es JAH Jehová,
quien ha sido salvación para mí".

ISAÍAS 12:2

"Yo, sí, yo soy quien te consuela.
Entonces ¿por qué les temes a simples
seres humanos, que se marchitan
como la hierba y desaparecen?"

ISAÍAS 51:12, NTV

"La paz les dejo, mi paz les doy;
yo no la doy como el mundo la da.
No dejen que su corazón se turbe y tenga miedo".

Juan 14:27, rvc

"No se preocupen por nada. Que sus peticiones
sean conocidas delante de Dios en toda oración y
ruego, con acción de gracias. Y que la paz de Dios,
que sobrepasa todo entendimiento, guarde sus
corazones y sus pensamientos en Cristo Jesús".

Filipenses 4:6-7, rvc

Apéndice 2

Oración para que desaparezca el temor

Padre, entro por tus puertas con acción de gracias y por tus atrios con alabanza (Sal. 100:4). Te agradezco tu amor, tu protección y provisión. Me arrepiento de todos los pecados, caídas o deficiencias que entorpecen esta plegaria. Recibo tu perdón ahora.

Padre, el espíritu del temor intenta destruir mi paz. Sé que no vino de ti porque tú me has dado espíritu de poder, de amor y de dominio propio (2 Ti. 1:7). Además, elimino todo pensamiento contrario a tu Palabra y poder (2 Co. 10:5). Nada es demasiado difícil para ti (Jer. 32:27). Tienes el poder de controlar todas las circunstancias que aparecen en mi camino (Dn. 4:35). Confío en tu promesa de que no me desampararás ni me dejarás (He. 13:5). Cuando busco tu rostro, sé que me escuchas y me libras de todos mis temores (Sal. 34:4).

Padre, tú eres mi amparo y fortaleza, mi pronto auxilio en las tribulaciones. Por tanto, no temeré (Sal. 46:1-2). Gracias, por adelantado, por hacer que todas las cosas me ayuden a bien para tu gloria y por mi bien, conforme a tu plan y propósito divinos (Ro. 8:28). Resisto con valentía el espíritu del temor, en este momento, y le ordeno huir (Stg. 4:7). Gracias porque tu paz, que sobrepasa todo entendimiento, guarda mi corazón y pensamiento (Fil. 4:7). Por tanto, no dejaré que mi corazón se turbe, ni tenga miedo (Jn. 14:27). En el nombre de Jesús, Amén.

Notas

Parte 1: Temores relacionados con la salud y la seguridad

1. www.personal-development.com/chuck/overcoming-fear-of-death.htm.
2. www.qohf.org/in_the_news.html.
3. www.disabilitycanhappen.org/chances_disability/default.asp.
4. www.aboutbugsbugsbugs.com/spiders/biology.htm.
5. www.nature.com/ncb/journal/v9/n9/full/ncb437.html.
6. www.austinlostpets.com/kidskorner/2october/pitbull.htm.
7. www.alainrobert.com.
8. www.crashstuff.com/driving-or-flying-plane-vs-car-accident-statistics/.
9. Keith Godfrey, *Flying Without Fear* (Hampshire, England: Macro-teach Publications, 2003), 12.
10. www.conquerfear.com.
11. www.waterelementswim.com.
12. www.melondash.com.
13. http://ga.water.usgs.gov/edu/propertyyou.html.
14. www.brainyquote.com/quotes/quotes/v/virginiafo239011.html, acceso el 6 de enero de 2011.
15. Para tener una información más profunda sobre cómo opera el Centro nacional de lucha contra el terrorismo

(NCTC) y lo que hacen para mantener la seguridad, visita su página web en www.nctc.gov.

16. www.fivethirtyeight.com/2009/12/odds-of-airborne -terror.html.

Parte 2: Temores relacionados con los vínculos

1. http://weeklywire.com/ww/12-07-98/alibi_facts.html.
2. www.leaderu.com/critical/cohabitation-socio.html.

Parte 3: Temores psicológicos

1. www.webmd.com/anxiety-panic/guide/20061101/ fear-public-speaking.
2. www.worldlingo.com/ma/enwiki/en/Christy_Henrich.
3. Para saber más sobre las causas, síntomas y tratamiento de los desórdenes alimenticios visita la página web del Instituto nacional para la salud mental (NIMH) en www.nimh.nih.gov/health/topics/eating-disorders/index .shtml.
4. http://esciencenews.com/articles/2010/04/13/fear.getting .fat.seen.healthy.womens.brain.scans.
5. www.aoa.gov/aoaroot/aging_statistics/Census_ Population/Index.aspx.
6. www.wemotivate.com/servlet/Detail?no=875.

Parte 4: Temores financieros

1. www.eruptingmind.com/overcome-fear-of-success.
2. www.sciencedaily.com/releases/2010/02/100208154645 .htm.
3. www.ssa.gov/OACT/TRSUM/index.html.

ISBN: 978-0-8254-1594-1

ISBN: 978-0-8254-1601-9

ISBN: 978-0-8254-1602-6

ISBN: 978-0-8254-1604-0

La combinación perfecta de anécdotas, preguntas para hacerte reflexionar y principios bíblicos te ayudarán a tener más control sobre estos aspectos de la vida en solo treinta días.

Disponibles en su librería cristiana favorita o en www.portavoz.com

La editorial de su confianza

Reconocido autor y experto en relaciones humanas, el Dr. Gary Chapman nos ofrece útiles "y a veces sorprendentes" perspectivas de por qué usted se enoja, qué puede hacer al respecto y cómo usarlo de una manera constructiva. Incluye una guía de 13 sesiones para fomentar el debate, perfecta para grupos pequeños.

ISBN: 978-0-8254-1193-9

Necesitamos la ayuda de Dios... ¡y rápido! Deborah Smith Pegues, especialista en comportamiento humano y autora de *Controla tu lengua en 30 días* (con más de 280.000 copias vendidas), ofrece a los lectores una guía de oración para momentos de crisis que cubre todas las circunstancias y necesidades de la vida actual.

ISBN: 978-0-8254-1792-4

Disponibles en su librería cristiana favorita o en www.portavoz.com

La editorial de su confianza